文章を科学する

李在鎬 編

石黒圭
伊集院郁子
河原大輔
久保圭
小林雄一郎
長谷部陽一郎
樋口耕一
李在鎬

ひつじ書房

はしがき

　本書は、文章を科学するための理論と方法を言語研究者や教育実践者に伝える目的で執筆したものです。本論に先がけ、本書が企画されるまでの経緯について、少しだけ説明したいと思います。

　本書は、私が2015年から「文章を科学する」というタイトルで、国内外で行ってきた6回の連続ワークショップからスタートしたものです。なお、「文章を科学する」というタイトルは、第1回目の開催地であったミュンヘン大学での実施時に、開催校の村田裕美子先生からの提案を受け、決めたものです。少々気取ったタイトルではありますが、このタイトルは、次の意味でワークショップの趣旨にマッチするものでありました。というのは、「文章を科学する」ワークショップは、文章の難易度という捉えどころのない現象に対して、コンピュータを用いて分析するという無謀とも思える挑戦だったからです。文章の難易度というのは、本質的には主観的な現象であり、科学の方法で捉えるのが難しい対象です。なぜなら、ある文章を読み、難しいとみるか易しいとみるかは、究極的には読み手の感じ方の問題だからです。そして、難しいか易しいかの判断の背景には、読み手がもつ無数の個別的かつ潜在的要因が関係しており、科学者が好むような一般化ができるものではありません。さらにいえば、この手の主観性の問題は、難易度の議論だけに限定されません。よい文章と悪い文章、面白い文章と面白くない文章、読みやすい文章と読みにくい文章、よくまとまっている文章と散漫な文章、冗長な文章と淡白な文章、流れるような文章とそうでない文章など、文章をめぐる評価の多くは、本質的に主観的な現象であるといえます。

　本書の執筆者は、上述の主観性を否定しません。しかし、個々人の主観性の裏側に働いている普遍的属性を科学的方法で捉えることができると考えます。ここでいう科学的な方法とは、いわゆる統計モデルを使った量的アプローチに限定されない点に注意してほしいと思います。量的アプローチが得

意とするマクロな視点と質的アプローチが得意とするミクロな視点が融合してこそ、真の意味の文章を科学する視点が得られると考えます。

　以上のことを前提に、本書は全10章において、文章を科学的に捉えるためのアプローチを示しています。全体は、理論編、技術編、研究編の3つの柱で構成しています。まず、理論編では、文章の科学を俯瞰することを目的に、3つの論考を収録しています。具体的には、文章の科学がそもそも何を目指しているのか、よい文章とはどのような性質をもっているのか、文章を評価するとはどのような営みかを、根本に立ち戻って考察しています。次に、技術編では、コンピュータを用いて文章を科学するための方法論やアプリケーションを紹介しています。特にフリーソフトウェアとして公開されており、誰でも手軽に使えるものを中心に紹介しています。最後に研究編では、文章の科学的アプローチの具体的なケース・スタディを示す目的で、3つの研究事例を紹介しています。特に言語教育との関連が深いものとして、作文の分析や文章難易度の分析例を紹介していますので、日頃の教育活動の延長で文章研究ができることを願っています。

　最後に、本書の刊行を勧めてくださった松本功氏と編集作業のために尽力してくださった海老澤絵莉氏に感謝します。そして、「文章を科学する」ワークショップに参加してくださった研究者・実践者の皆さんに感謝したいと思います。

2017年8月21日
李在鎬

目次

第3部

研究編
文章の科学を実践する研究

第1部

理論編
文章を科学する視点

1 文章の科学が目指すもの

李在鎬

概要

　本章では、文章がもつ特質性とそれに対する科学的アプローチの可能性について考える。文章は言語研究における単位としては、もっとも具体的な言語表現であり、情報量という観点からみた場合、語や文とは違う複雑性をもっていることが知られている。このことを踏まえ、以下では、3つの観点から文章をめぐる科学的アプローチを俯瞰する。1つ目は、言語単位としてみた場合の文章、2つ目は、コミュニケーション行為としてみた場合の文章、3つ目は、研究領域別にみた文章である。1つ目の観点は、言語の記述的道具の1つとしての文章の特性であり、2つ目の観点は、言語現象としての文章の特性である。3つ目の観点は、様々な研究領域における研究の対象としての文章の特性である。なお、3つ目の観点は、関連領域の問題意識と本書の2章以降の議論を関連づけることを意図したものである。

1.　はじめに

　文章をめぐる議論は、言語学、教育学、認知科学、外国語教育、情報科学など、多岐にわたる分野で研究が進められてきた。そのため、文章論は学際的な研究領域であるといえる。言語学では、文章がもつ記号的性質に注目し、認知科学では、文章を読む行為とそれに伴う認知活動に注目する。さらに、文章を読んで理解するという現象においては、心理学的視点が関係し、その理解から、言語の学びを導くのであれば、言語教育学的視点が関係して

くる。そして、コンピュータ処理として言語を扱う自然言語処理の分野においても、語や文に還元できない文章の特質性を扱うため、様々な計算モデルが提案され、大きな研究トピックになってきている。

　以上の背景を踏まえ、本書では、文章を科学する視点や技術、さらには、具体的な研究事例を紹介する。本章では、全体の議論の土台を作っておくため、複数の観点から文章の科学的アプローチの可能性を検討する。とりわけ日本語研究の観点から、言語単位という側面からみた場合の文章研究とコミュニケーション行為の側面からみた場合の文章研究に注目する。そして、各研究分野における問題意識を確認することで、2章以降の議論に道筋を作っておきたい。

2.　言語単位からみた文章

　言語に関わる研究領域を捉える上で、単位の問題は重要である。いわゆる音素や形態素や語や句や文といった単位に基づいて言語現象を記述するアプローチは、現代の科学的言語研究において一定の支持を得てきた。例えば、音韻論、形態論、統語論の区別は、この記述の単位による区別と理解することができる。具体例を示す。

　まず、音の研究であれば、a, i, u, e, oという母音音素やk, s, t, nといった子音音素の物理的な変化を記述したり、カ、キ、ク、ケ、コといった音節によって意味の多様性が作られるプロセスを記述したりする。次に、語の研究であれば、単語の頭や後ろに付く形態素によってどのような意味の変化が起こるかを記述したり、単語と単語の合成の仕方に関する法則を記述したりする。さらに、文の研究であれば、語と語の組み合わせ方に関する法則を記述する。音の研究は、音声学や音韻論と呼ばれ、語の研究は形態論、文の研究は統語論と呼ばれている。

　こうした考え方に貫かれている観点は次のようなものである。①言語現象には長さによる効果が存在する。②長さの効果はミクロなものからマクロなものまで、様々な単位によって構成される。③それぞれの単位によって異なる現象が観察される。

　さて、本書のメイントピックである「文章」に関しても、言語研究におけ

る1つの単位としてみる見方が定着している。例えば、佐久間 (2003) では、「文章はコミュニケーションの単位であり、もっとも具体的な言語単位である」と指摘している。そして、こうした文章という単位を扱う言語研究の領域として、文章論もしくは文章・談話論の分野が確立している。なお、文章と談話の区別については、半沢 (2003) や佐久間・杉戸・半澤 (編)(1997) において議論されているが、大枠としては書き言葉に関わるものを文章と呼び、話し言葉に関わるものを談話と呼ぶ見方が支配的である。文章の例としては、意見文、説明文、感想文、報告文、論文、エッセイ、小説などが挙げられ、談話の例としては独話、対話、会話、座談、討論、講演などが挙げられる。こうした文章と談話の区別については文語と口語の体系的な相違の問題も関係しているという指摘もある (半沢 2003)。

　これまでの言語研究において「文章」という単位は、次のように理解されてきた (佐久間・杉戸・半澤 (編) 1997、高崎・立川 (編) 2008)。

①もっとも大きな単位である。
②言葉の具体的な環境であり、使用の場である。
③文の集合では規定できない性質をもっている。

　まず、もっとも大きい単位であるという性質は、文章がもつ物理量としての特性に着目した記述である。音素が集まり、音節が構成され、音節が集まり、語が構成され、語が集まり、文が構成される。そして、文が集まり、文章が構成される。文章は、文の単なる寄せ集めではない性質をもっていることは、のちほど触れるが、ここで確認しておきたいこととして、文章はその物理的な性質として、文が集まって構成されているものだ、という点である。このことについては、本書の第2章においても言及されているので、参照してほしい (▶第2章1節)。

　さて、次の性質として、言葉の使用の場であることに注目する。近現代の言語学を理解する上で、言語知識と言語使用の区別は重要な概念になっている。ソシュールのことばであれば、言語知識はラング、言語使用はパロール、チョムスキーのことばであれば、言語知識は言語能力、言語使用は言語運用とおおむね重なる概念であるとみることができよう。さて、言語知識と

言語使用という観点から文章という単位を捉えた場合、言語使用に関わる現象として捉えられる。なぜなら、文章は、文法ルールや語彙の意味の発現の場であり、文法の変化、意味の拡張・縮小、質的変化も、これらの実際の使用の場面で起こるからである（高崎・立川（編）2008: 2）。こうした性質を考えた場合、文章の研究は、言語使用に対する研究として位置づけることができる。それ故に、私たちの日常の言語使用のあらゆる側面において、文章に関する問題は関わってくる。

　最後に、文章論における理論研究の成果として、文章には、文の単なる寄せ集めでは予測し得ない性質が存在することが明らかになっている。具体的には、意味的関連性を捉えるものとしては結束性（coherence ▶第2章1節）の問題が議論されたり、中心的話題の配置においては文章型（▶第3章コラム）の問題が議論されたりした。そして、文章を構成する直接単位として「段」（文章の場合は、文段、談話の場合は話談）という単位が提案され、様々な考察が行われた（佐久間 2003）。こうした性質は語の研究や文の研究では明らかにできないものであり、文章論における固有の現象として認識され、文と文の間にみられる意味の「つながり」と「まとまり」の問題として理解されてきた。これらの性質は、文章を評価する上で重要な観点になっている。これについては、本書の第3章においても言及されているので、参照してほしい。

3.　コミュニケーションからみた文章

　前節で述べた通り、文章は、言葉の使用の場であるという性質をもっているため、「文章の研究＝言語使用の研究」と捉えることができる。この言語使用という観点を踏まえた場合、文章に関わる研究課題は、コミュニケーションに関わる研究課題であると考えられる。

　さて、コミュニケーションという観点から文章を捉えた場合、「すべての文章には、必ず読み手が存在する」という側面を考える必要がある。文章というのは、読み手によって何らかの意味が見出されることによって成立する言語現象である。この読み手による意味解釈のプロセスは、高崎・立川（編）(2008) のことばを借りれば、「意味の再生産」であるとみることができ、コミュニケーションの問題と不可分な関係にある。

文章は、あくまで文字によるコミュニケーション行動である。そのことから、半澤 (2014) では、以下のような制約が発生すると指摘している。

①意識的な学習が必要である。
②時差的かつ一方的である。
③手段として独立性が高い。

　まず、①の前提として、文章は文字によるコミュニケーション活動であるため、漢字や仮名といった表現ツールを理解している必要がある。当然のことながら、これらの表現ツールを使うには、意識的な学習が不可欠である。次に、②の前提として、話し言葉の場合、話し手と聞き手がその場でやり取りをするが、文章の場合、書くという行為が終了した時点で、読むという行為がスタートするため、時差が生じる。
　最後に、③の前提として、話し言葉の場合、ジェスチャーや表情や声質といった非言語的要素も加えながらの意味伝達が可能であるが、文章の場合、言語による手段以外は利用しにくい。それ故に、コミュニケーションの手段としては、独立しているものといえる。
　文章には、上述した3つの制約が存在するため、話し言葉に比べ、より構造的であることが知られている。佐久間 (1999) をはじめとする多くの先行研究では、文章がもつ構造性、例えば、反復・省略表現、接続表現、指示表現などが取り上げられ、その機能特性について分析がなされた。具体例としては、石黒 (2008) などが挙げられる。さらに、起承転結や首尾一貫性といった全体的な性質に対する類型化の試みも行われてきた。具体例としては、佐久間 (2003) などが行った中心文段と文章型についての考察が挙げられる。詳細は第3章を参照してほしい。

4.　研究領域別にみた文章

　文章を扱う領域として、文章論という研究領域があるが、これは会話分析、語用論、談話分析などを包括するものであり、言語学、国語教育、日本語教育、文学研究などの人文学系をはじめ、自然言語処理、人工知能、計算

科学などの理工系分野、さらには、広告表現、文芸作品などの芸術や実学の領域においても議論されることがある。こうした学際的な性質をもつ故に、文章論に関わる研究課題は、多岐にわたっている。そして、研究領域によって問題視する側面も異なる。

　以下では、本書の第2章以降の議論に関わると思われる問題を中心に、文章に関わる研究領域を俯瞰的にみていく。そして、本書の各章との関連を示しておきたい。

4.1. 国語学・日本語学における文章

　国語学・日本語学の領域において、文章に関わる問題を、独立した研究領域において扱うことを提案したのは、時枝誠記氏が1950年に刊行した『日本文法口語編』とされている。そして、時枝 (1950) 以降、半世紀以上にわたり、様々な研究が展開されてきた。こうした文章論に関わる研究史の詳細は糸井 (2003) において考察が行われているが、それによると、文章論は、成立当初は文法論の一部として考えられていた。時枝は、文法論は、語論、文論、文章論にわたるものと考えていたのである。そして、それぞれの単位の生成プロセスにおける「きまり」を明らかにすることを目指していた。

　時枝 (1950) 以降、市川 (1978)、永野 (1986) により文章論における具体的な研究課題が提起されて、さらに佐久間 (1999)、林 (1998)、佐久間 (編)(2003) によって文章論における個別的問題へと考察が及んでいった。これらの研究に共通する目的は、佐久間 (2003) のことばでいえば文章がもつ「完結統一体」としての性質を明らかにすることであった。

　国語学・日本語学における文章論の展開においては、次の3つの流れが指摘されている (糸井2003)。①文と文の意味的つながりに関する研究、②文脈が形成されていく過程に関する研究、③文章全体における意味的まとまりに関する研究である。③は結束性の問題として、②は (情報の流れの) 一貫性の問題として、③は全一体性の問題として定式化された。そして、これらの定式化の試みとともに、文章とは何かという本質的な問題をはじめ、文章の種別に関する問題などが議論されてきた。

　本書の第2章における冒頭の考察は、文章とは何かという問題を扱ってお

り、国語学および日本語学における研究成果を取り入れた上で、よい文章にみられる共通性を明らかにしている（▶第2章2節）。

4.2. 国語教育・日本語教育における文章

　国語教育・日本語教育においては、国語学・日本語学における研究成果をうけとり、利用する立場にあるため、理論構築よりは実践研究的なアプローチがなされている。高崎・立川 (編)(2008) によれば、国語教育分野では、教材をジャンル分けし、系統だてることが多いという指摘もみられる。例えば、読解に関する教育として、文章パターンの理解や望ましい文章の構成が議論され、さらに表現法の教育として、思考や感情を連文として効果的に表現する方法が議論されてきた。

　日本語教育においては、外国語教育に共通する課題として、読解教育と作文教育において文章の問題が議論されてきた。読解教育に関する代表的な事例としては、石黒 (編)(2011) があり、教材開発と平行する形で研究がなされてきた。作文教育に関する代表的な研究としては、佐久間 (1989) があるが、学習者の習熟度に応じた指導方法の問題が議論されてきた。近年は、村岡 (2014) が行った「アカデミックライティング」のように専門日本語の観点から日本語学習者の文章作成の問題も議論されるようになった。

　さて、読解教育の観点からは、学習者の読解プロセスの解明とそれに応じた教授法の開発が中心的な研究課題になっている。これに関連する問題として、語彙や文法項目の難しさと読解の関連、さらには、文章難易度との関連が議論されてきた。作文教育の観点からは、習熟度と表現産出の関連性に関する議論がなされていた。本書の第3章は、作文教育の観点と言語評価の観点を融合し、日本語母語話者と学習者の作文を考察している。また、第8章は、計算言語学の方法で日本語学習者の作文分析を行っており、語彙などの要素と文章の熟達度の関連を考察している。同じく、第9章は、英語教育の観点から作文の自動処理に関する研究の現状とケーススタディを示している。最後に、第10章は、文章がもつ潜在的な特性であるリーダビリティ (readability; 文章の読みやすさ) を計算科学の方法で明らかにしている。

4.3. 自然言語処理における文章

　自然言語処理とは、コンピュータを用いて言語を解析する工学研究の領域である。1940年代後半からコンピュータが出現することにより、成立した分野であり、今も発展途上にある学問領域である。自然言語処理が注目されるようになった背景として、コンピュータとインターネットの普及が挙げられ、2000年以降、様々な技術革新とともに社会的重要性が認識されている。

　自然言語処理の研究においては、人の言語が自由に操れるコンピュータを工学的に実現するというのが究極の課題であるが、そのためには、人の言語使用における多様性を理解する必要がある。具体的には、言語を構成する単位、すなわち単語や文や文章の意味をいかにして理解するかという問題が出てくる。この問題を受け、単語の意味を理解する技術として、形態素解析が、文の意味を理解する技術として、構文解析が提案され、すでに実用化されている。そして、文章がもつ表現構造の意味を理解する作業に関して、本書の第6章が述べるような照応解析や談話構造解析などが提案されている（▶第6章3節）。

　自然言語処理において文章が独立した処理の単位として認識されたのは比較的最近であるといえる。自然言語処理の分野では、特に談話というカテゴリーとして議論され、1文単位を超えた文の解析タスクとして位置づけられ、文脈処理 (context processing) ともいわれている (中岩2010)。談話に関する問題意識として、人は発話と発話を関連づけることで、言語を使用していることに着目し、それをコンピュータにおいても組み込むことを目指している。こうした文脈情報の処理は機械翻訳や情報検索、文章要約の自動作成、自動応答システムなどの応用技術において重要な要素技術になると考えられている。

　自然言語処理における文章解析を実装したものとして「KH coder」がある（▶第5章）。「KH coder」を使うことで、文章内の語の出現頻度を調べたり、ある語の前後に出現する語を確認したり、語と語のつながりを円と線で関連づけ、可視化したりすることができる。こうした分析を支えているのが自然言語処理の形態素解析であり、本書の第6章と第7章で紹介している（▶第6章3.1節、第7章3.2節）。

4.4. 計量言語学における文章

　計量言語学とは、言語現象を計量化することにより、厳密かつ正確な分析を行うことを目指す学問領域である。そのため、言語現象に対して何らかの数理的モデルをあてたり、使用頻度のように何らかの質量をあてたりすることで、言語現象を分析する。

　広い意味で計量言語学を捉えた場合は、「日本語の数学的研究」を目指すものであり、狭い意味で計量言語学を捉えた場合は、「日本語の統計学的研究」を目指すものである (計量国語学会（編）2009: 2)。なお、本書の7章においても紹介しているテキストマイニングは、数理的モデルで言語データを分析し、有用な情報を発掘する、というものであり、計量言語学の進化系の1つとみることができる。テキストマイニングの具体的な事例は、石田・金（編）(2012) および小林 (2017) を参照してほしい。

　計量言語学の問題意識を確認する資料として、図1を取り上げる。

[図1] 言葉の重さ

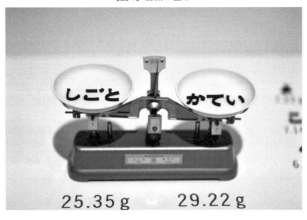

　図1は、2015年に「21_21 DESIGN SIGHT」が行った「単位展」(http://www.2121designsight.jp/program/measuring/) の中で、アート作品として展示されていたものである。あらかじめ決められたひらがな1文字あたりの重さの合計でもって、語の重さをはかるというものである。具体例として仕事（しごと）と家庭

（かてい）を文字の重さでもって表現しているが、仕事（25.35グラム）よりも家庭（29.22グラム）のほうが質量としてより重いということを示している。この「重さ」という物理的な属性でもって「より重要である」という価値を付与するという考え方は、まさしく計量言語学が前提にしているものである。

　さて、計量言語学の研究においては、「数える」ことは重要な分析手法である。もちろん、一般的な言語研究（非計量言語学）においても数を数えるという手法はよく用いられる。何かの現象を「数える」ことにより、測定をし、その測定結果をもとに主張をするというのは、極めて普遍的な研究の方法論である。ただ、非計量言語学と計量言語学では、「数える」ということに対する重みが異なる。非計量言語学では、「数える」ということはあくまで研究の補助的手段であると理解されているが、計量言語学では、「数える」ということは、研究の中心的な手法である。そのため、計量言語学では、「数える」ための方法論として様々なものが提案されており、精緻化されている。具体的には、第4章を参照してほしい（▶第4章5節）。

　計量言語学と文章論の関連を考える場合、文体論との接点が重要である。文体論とは、言語事実における文体の種類や機能を分析して、個々の言語的作品もしくは作品群の特徴を明らかにする研究領域である（中村 2016）。文体に関わる言語事実を計量的手法で分析するのが計量文体論である（▶第4章2節）。なお、紙幅の都合上、本書では詳述しないが、計量文体論は、波多野完治氏などが行ってきた「文章心理学」をもとに展開されたものであり、具体的な問題意識は海保・茂呂（2003）を参照してほしい。

5.　おわりに

　本章では、様々な研究領域において、文章という単位がどのような存在として理解され、どのようにアプローチされてきたか概略的に述べた。文章研究に関わる研究者間の共通認識として、語や文といった単位に比べ、規模が大きいこと、それに伴った複雑性をもっていること、さらに、何らかの構造をもっていることが指摘されてきた。そして、構造性に関わる問題をめぐり、言語学および言語教育学、さらには、計量言語学や自然言語処理などで分析モデルが提示されてきたことを述べた。

●さらに勉強したい人のために

1　佐久間まゆみ（編）、北原保雄（監修）(2003)『朝倉日本語講座7　文章・談話』朝倉書店
　　日本語学的アプローチによる文章研究の成果を包括的にまとめている。全13章で構成されており、文章・談話の定義と分類の問題からスタイルやレトリックの問題、さらには談話分析の対照研究や文章心理学などの関連領域についても言及しており、日本語における文章研究の全体像を把握する上で、最適な研究書である。

2　高崎みどり・立川和美（編）(2008)『ここからはじまる文章・談話』ひつじ書房
　　身近な題材から、文章・談話論の分析方法を学ぶことができる。全10章において具体例をもとに文章・談話論における研究課題を丁寧に解説している。ケーススタディとしてケータイメールやチャットの分析、広告表現の分析、そして小説、新聞記事、随筆の分析、さらには古典文学や狂言に至るまで多種多様な文章の事例紹介を行っている。

参考文献

石黒圭 (2008)『文章は接続詞で決まる』光文社新書

石黒圭（編）(2011)『留学生のための読解トレーニング―読む力がアップする15のポイント』凡人社

石田基広・金明哲（編）(2012)『コーパスとテキストマイニング』共立出版

市川孝 (1978)『国語教育のための文章論概説』教育出版

糸井通浩 (2003)「文章・談話研究の歴史と展望」佐久間まゆみ（編）(2003)『朝倉日本語講座7　文章・談話』pp.275–297. 朝倉書店

伊藤雅光 (2002)『計量言語学入門』大修館書店

海保博之・茂呂雄二 (2003)「文章・談話の心理学的研究」佐久間まゆみ（編）(2003)『朝倉日本語講座7　文章・談話』pp.250–274. 朝倉書店

計量国語学会（編）(2009)『計量言語学事典』朝倉書店

小林雄一郎 (2017)『Rによるやさしいテキストマイニング』オーム社

佐久間まゆみ (1989)「作文力の養成法：段落作成と要約作文」寺村秀夫（編）『講座日本語と日本語教育』第13巻：pp.302–323. 明治書院

佐久間まゆみ (1999)「現代日本語の文章構造類型」『日本女子大学紀要 文学部』48: pp.1–28

佐久間まゆみ（編）(2003)『朝倉日本語講座7　文章・談話』朝倉書店

佐久間まゆみ (2003)「文章・談話における「段」の統括機能」佐久間まゆみ（編）(2003)『朝倉日本語講座7　文章・談話』pp.91–119. 朝倉書店

佐久間まゆみ・杉戸清樹・半澤幹一（編）(1997)『文章・談話のしくみ』おうふう

高崎みどり・立川和美（編）(2008)『ここからはじまる文章・談話』ひつじ書房

時枝誠記 (1950)『日本文法 口語篇』岩波全書

中岩浩巳 (2010)「談話と文脈処理」言語処理学会（編）『デジタル言語処理学事典』pp.196–197. 共立出版

中村明 (2016)『日本語文体論』岩波現代文庫

永野賢 (1986)『文章論総説』朝倉書店

村岡貴子 (2014)『専門日本語ライティング教育』大阪大学出版会

半沢幹一 (2003)「文章・談話の定義と分類」佐久間まゆみ（編）(2003)『朝倉日本語講座7　文章・談話』pp.1–22. 朝倉書店

半澤幹一 (2014)「文章」佐藤武義（他）（編）『日本語大辞典』pp.1773–1774. 朝倉書店

林四郎 (1998)『文章論の基礎問題』三省堂

2 文章とは何か
日本語の表現面から見たよい文章

石黒圭

概要

　本章では、よい文章を「読み手の読みたいことが読みやすく書かれている文章」と考え、ビジネス文書の一種であるクラウドソーシングの文章を材料に検討した。よい文章を損なう表現上の問題には内容の不適切さと配慮の不適切さがあり、前者は、①表記面の不適切さ、②語彙面の不適切さ、③文法面の不適切さ、④情報面の不適切さの４つに分けて、後者は、⑤他者配慮面の不適切さについて分析を行った。その結果、①表記面の不適切さは、漢字の選択や句読点の打ち方に、②語彙面の不適切さは、語彙の選択や表現の稚拙さ、難語の選択や主観的な副詞に、③文法面の不適切さは、雑な文法使用や文脈への配慮不足、話し言葉的な文法要素の選択に、④情報面の不適切さは、質の面ではあいまいな表現に、量の面では説明不足や重複に、⑤他者配慮面の不適切さは、敬語や授受表現の不適切な使用、消極性や上から目線が感じられる表現、読み手を疑ってかかるような姿勢に、それぞれ問題があることがわかった。

1. はじめに：文章の定義を考える

　文章とは何か。研究者によって捉え方は多様であろうが、研究者の立場を越えて扱いやすい最大公約数的な定義を考えると次のようになろう。

　　　文章とは、読まれることを目的として書かれた、多数の文から

なる、まとまった内容をもつ文字列のことである。

　筆者自身は「言語＝行為」と考える言語過程観に立つ研究者であるため、表現者のがわに立つと、次のように定義できる。

　　文章とは、読まれることを目的として、頭のなかにある思想
　　を、多数の文からなる、まとまった内容をもつ文字列に変換し
　　ていく、表現者の産出過程である。

　また、理解者のがわに立つと、次のように定義できる。

　　文章とは、読まれることを目的として書かれた、多数の文から
　　なる、まとまった内容をもつ文字列を頭のなかで意味に変換し
　　ていく、理解者の解釈過程である。

　つまり、「表現者の思想に形を与えること」「形から表現者の思想を汲み取ること」を文章と考えるわけである。しかし、おそらく多くの人は「言語＝記号」論者であり、「形」そのものを文章と考えるだろうから、ここでは冒頭でも掲げた、以下の一般的な定義を、本章の文章の定義として採用する。

　　文章とは、読まれることを目的として書かれた、多数の文から
　　なる、まとまった内容をもつ文字列のことである。

　こう定義した場合、文章を対象に研究するさいの観点が浮かび上がってくる。「読まれることを目的として書かれた」からは、当然のことながら読者の存在が前提となるので、次のような観点が対象になろう。

・リーダビリティ：文章の読みやすさの基準を扱う（▶第10章3節）
・レトリック：文章に説得力があるかどうかを扱う
・ポライトネス：文章の読み手にたいする配慮を扱う
・評判分析：文章の評価の肯定的・否定的偏りを扱う

また、「多数の文からなる」からは、次のような観点が対象になる。

・文法：1文内の構造と前後の文脈との関連を扱う（林（1990）に従えば文章論的文論となる）。
・結束性：言語要素（指示詞・接続詞など）に決まった形で表れる文間の意味的結びつきを扱う。
・一貫性：言語要素に決まった形で表れない、背景知識による文間の意味的結びつきを扱う。
・推論：言語要素と文脈の交渉から誘発される意味生成を扱う。

さらに、「まとまった内容をもつ」からは、次のような観点が対象になる。

・段落：内容による文連続のまとまりを扱う。
・全体構造：段落や複段落の多重展開構造（佐久間（2003）参照）を扱う。
・メッセージ：段落や文章を統括する表現意図を扱う。
・テキストマイニング：語彙の頻度や分布から得られる文章の内容の偏りを扱う（▶第4章3節）。
・スタイル：文章に表れる書き手の一貫した個性を扱う。
・ジャンル：文章の目的や媒体に規定される類型を扱う。

　筆者自身は専門を文章論と書くことが多いが、最近の大学院生は文章論という学問分野を知らないことが多い。たしかに70年代にピークを迎えた、文の連接と全体構造を対象とした文章論は、当時の研究手法で行き着くところまで行き着いた感はあるが、上述のように文章を定義し、その研究対象を考えてみると、広義の文章論はまだまだこれから発展の可能性のある伸び盛りの学問分野であることが見てとれる。

2.　よい文章を考える

2.1.　よい文章と悪い文章

よい文章とは何かを考えた場合、常識的には次のように定義できる。
　　読み手の読みたいことが読みやすく書かれている文章

反対に、悪い文章を、よい文章と対になるように考えると、次のように定義できるだろう。

　　　書き手の書きたいことが思いつくままに書かれている文章

つまり、よい文章は「読み手の都合を優先した文章」であり、悪い文章は「書き手の都合を優先した文章」である。これは、新聞記事でも、学術論文でも、ビジネスメールでも、どんな文章でも当てはまることである。

よい文章が読み手のためにある文章だとすると、よい文章は読み手の判断に依拠する。しかし、読み手と一口にいっても多様であり、読み手の個性と好みを考えていくと、キリがなくなってしまう。したがって、読み手をある程度抽象化して、考える必要があるだろう。

2.2.　「日本語マニュアルの会」の文章観

東京工科大学名誉教授で、この原稿を執筆している2016年秋に逝去された横井俊夫氏が主催されていた「日本語マニュアルの会」という研究会がある。筆者もメンバーの1人として参加させていただいていた。「日本語マニュアルの会」という会の名称からもわかるとおり、日本語による文章の書き方をマニュアル化することを目指した研究会である。

この会の考え方の特徴は、日本語で文章を書くプロセスのなかで、日本語を4つの段階に分ける点にある[1]。

①試みる日本語：書き手の思いつきを書き留めた日本語

試行錯誤の思考段階を柔軟に表現する、執筆メモのような日本語。
②表す日本語：書き手のまとまった主張を表した日本語
　思考や表現を精密にし、執筆要件に適合した、まとまりのある日本語。
③伝える日本語：読みやすくなるように洗練した日本語
　効率よく誤りなく読み取れるよう工夫した、わかりやすさ重視の日本語。
④訳せる日本語：翻訳しやすいように加工した日本語
　非母語話者や機械が翻訳可能なように修正した、中間言語的な日本語。

　「書き手の都合を優先した文章」とは、「表す日本語」の段階に留まっており、「伝える日本語」にはなっていないものである。実際には、「表す日本語」にさえなっていない「試みる日本語」の段階の文章も、インターネット上の文章を中心に少なくない。また、Twitterのように、「試みる日本語」の段階にある萌芽的なアイデアの積極的な共有を楽しむメディアもある。

　一方、「読み手の都合を優先した文章」とは、「表す日本語」の段階をクリアし、「伝える日本語」の段階まで至ったものである。本として出版される場合、その多くは編集者の校閲を経て市場に出回るので、「伝える日本語」の条件を満たすものが多い[2]。書籍というものに定価がついても購入する人が多い背景には、内容の信頼性のみならず、表現として洗練されているという側面が大きいからだろう。

　なお、「訳せる日本語」は横井氏の卓見である。訳せる日本語は、外国人やコンピュータという機械に理解しやすいように設計された新しい日本語である。「訳せる日本語」は、自然な日本語で省略される要素なども復元して示す、脱文脈化された骨太な日本語であるため、日本語を母語とする人にとっては不自然であるが、日本語としての自然さを犠牲にしてでも内容が伝わることを重要視した、論理的で記号的な日本語である。

　「訳せる日本語」という構想の背景には、日本社会の大きな変化にともない、日本語が変化しつつあるという現実がある。

　大きな変化の1つは、外国人の増加である。その結果、日本語で書かれた文章が多様な背景をもつ人に正確に理解される必要がある。日本語教育の世界では「やさしい日本語」が脚光を浴びているが、この「やさしい日本語」というものも多文化共生社会を前提としたものであり、母語にかかわらず理

解できる日本語であるならば、訳せる日本語の1つのバリエーションと見ることも可能であろう。

　もう1つは、ICT社会の進化である。近年の自然言語処理（▶第1章4.3節）の技術の発展により、AIの文章理解能力が格段に進化している。以前は海外に発信するためには、英語をはじめとする外国語で書かなければ理解されなかったが、機械翻訳技術が発展した現在では、日本語で書いても英語やその他の言語で理解される可能性がある時代になっている。

　自分の書いた文章の付加価値を考えた場合、自分の書いた文章が機械翻訳にかけられた場合、どのように翻訳されるかという意識で文章を書かないと、より多くの読者の目に届かない時代になっている。

　留学生に好きな日本語の作品を聞くと、村上春樹の名が挙がることが少なくない。英語や中国語で読んだのかと聞くと、アメリカ人の学生からは「英語でも読んだ」、中国人の学生からは「中国でも読んだ」という答えが返ってきた。よく聞いてみると、日本語ができなかった当時は自分の言語で読んでいたが、日本ができるようになった今、日本語で読んでも、ほかの作品にくらべて読みやすいのだという。たしかに読んでみると、村上作品は世界文学となるように翻訳されることを前提に戦略的に書かれているように感じられる。いわば中間言語的に書かれているのである。

2.3.　クラウドソーシングのビジネス文書を用いた評価基準の整備

　さて、よい文章を、

　　　　　読み手の読みたいことが読みやすく書かれている文章

と定義した場合、読み手とは誰かということが問題になる。読み手の個性によって読みやすさは変わってくるからである。

　すでに見たように、日本語母語話者向けなのか、異なる言語を背景とする日本語非母語話者向けなのか、人工知能のような機械向けなのかによって評価が異なってくるだろう。

　もし、日本母語話者向けと限定しても、個々人の個性によって評価は異

なってくる。そのため、当該の文章をどのように評価するのか、評価基準の整備が必要になる。

　一般に、評価の対象になる文章は、小説のような物語文ではなく、説明文や意見文といった論説文であることが多い。物語文は鑑賞の対象であり、読み手の主観によって評価が変わってくる。つまり、読み手の嗜好によって好きな作品と好きではない作品に分かれる。また、実社会においてそうした文章を書く必要性に駆られる人は相対的に少なく、教育面で創造的な文章教育を体系的に行う必要性は低いだろう。

　一方、論説文は情報を伝えたり、それを説得的に伝えたりする必要のある文章であり、ビジネスや官公庁を中心に実社会における必要度も高く、いわば芸の性格の強い物語文とは異なり、伝達の技術として評価にたいする一定の基準を作ることも容易である。

　そうした評価基準を作成する場合、評価は、その文章を読むことを期待されている想定読者によって行われることが望ましい。そこで、今回、この評価基準の整備のために、クラウドソーシングに掲載されたビジネス文書を材料にすることを提案する。

　クラウドソーシングは、業務を発注する発注者が、不特定多数の受注希望者（クラウド）に業務内容と報酬を提示し、契約が成立した場合に仕事を発注するシステムである。発注者がわは安いコストで仕事を発注できる一方、受注者がわも中間マージンをほとんど取られずに、地理的な隔たりを越えて、在宅で自由な時間に業務をこなせるため、双方にとってメリットが大きい仕組みである。そのため、世界的に急速に普及しており、日本でも、ランサーズ社（2008年創業）とクラウドワークス社（2012年創業）の2大サイトを始め、多くのサイトが稼働している。

　クラウドソーシングは、ビジネス日本語の研究をする場合、有力なリソースになりうる[3]。企業の業務内容は直接利益につながるものであるため、その契約内容などが第三者に開示されることはこれまで通常なかった。したがって、業務内容に関わるオーセンティックなデータをビジネス日本語の分析対象にすることは難しかった。

　しかし、クラウドソーシングの業務内容は不特定多数に開示されており、また、それにたいして受注者がわがどのぐらい応募したのかが数値でわかる

ようになっている。もちろん、専門性の低い仕事、金銭面で条件のよい仕事、締切に猶予のある仕事に人気が集まる傾向はあるが、実際に調べてみると、同じような条件であるにもかかわらず、ある募集には応募が集中し、別の募集には応募がないというケースが散見される。そうした事実から、発注文書の日本語の巧拙が、受注者がわの受注行動に大きな影響を与えていると考えられる。そうしたものを1つのコーパスとして捉え、分析を加えていくことで、わかりやすいビジネス文書とは何か、その条件が明らかになることが期待できよう。

そこで、クラウドソーシングのビジネス文書をコーパス化し、受注者がわの応募状況に基づいて高評価群と低評価群に分け、それぞれの特徴を、言語を軸とする多様な観点から分析することで、よい文章とは何かという評価基準を作成できると考える。

筆者らは、日本テレワーク学会のJob Casting研究部会の中心メンバーを中心に定期的に研究会を開き、分析の準備を進めている（石黒ほか2016）[4]。ただ、現時点では、コーパスの構築には至っていないため、高評価群と低評価群の発注文書をランダムにいくつか選び、それについて質的な分析を施したものを紹介することにしたい。

いずれクラウドソーシングの発注文書コーパスが完成したあかつきには、この質的な調査項目を参考に量的な調査へと発展させ、さらに、量的調査に基づいてサンプルを複数作成し、クラウドワークス上で実際に発注を行い、その効果を検証することを構想している（同種の調査は高宮（2016）を参照）。

3.　クラウドソーシングのビジネス文書の分析方法

今回の調査では、クラウドソーシングのビジネス文書の分析方法を2段階に分けて考える。

資料は、2016年8月と9月、クラウドワークス社のサイトに掲載されていたタスク型で、記事を書くというタスクを課している200の発注文書をランダムに抽出し、そのなかで評価の低い典型的な文書24と、評価の高い典型的な文書12を選択したものである。

まず、評価の低い文書24については、その評価の低さに起因すると考えら

れる表現を目視で選択し、それを要因ごとに分類・整理したものを紹介する。

　一方、評価の高い文書12については、そのなかでもとくによいと考えられる短めの文書1つの全文を紹介し、その優れた点について述べることにしたい。

4.　評価の低い文書の表現とその要因

　言語には、内容を伝える側面と感情を伝える側面がある。そこで、評価の低い文書において、評価の低さに起因すると思われる表現を「内容の不適切さ」と「配慮の不適切さ」に分け、さらに前者については「表記面の不適切さ」「語彙面の不適切さ」「文法面の不適切さ」「情報面の不適切さ」に下位分類し、詳しく論じることにしたい。

4.1.　表記の不適切さ

　表記面の不適切さは、漢字の選択に表れることが多い。

①ネガティブな文章は<u>お辞め</u>下さい。

　「止める」「辞める」の選択は迷うところである。「止める」の場合は続けていることをやめること、「辞める」の場合は仕事や役職をやめることを表す。①はそのいずれでもないので、平仮名の「やめる」がよいと思われる。

②作品のあらすじをだらだら書かないでください。それよりも、ライター様の思いを<u>全面</u>に出した記事にして下さい。

　「全面」というのはかならずしも間違いとは言えないかもしれないが、作品のあらすじとライターの感想がセットになっていると考えると、どちらを「前面」に出すかの問題のように思われる。「前面」のほうがよいだろう。

　漢字の場合、変換ミスも多い一方、分節ミスも目立つ。③はミスタイプが原因で仮名漢字変換ソフトが分節を誤った例である。

③あまりに稚拙な文章は不可とさせて<u>ただ来ます</u>

　「いただきます」の「い」が脱落した結果、「ただ来ます」と、おかしな漢字変換になってしまっている。
　表記で問題になりやすいのは、句読点である。とくに、読点は文の読みやすさと関連する。

④タイトルはわかりやすくし、本文は段落などを<u>適宜使い読み</u>やすい文章でお願いします。

　一般に、「が」「けれども」「し」のような接続助詞や連用中止には読点が打たれる傾向がある。④は連用中止の例であるが、連用中止は「適宜使い読み」のように複合動詞と間違われやすいので、「適宜使い、読み」と読点を打ったほうが、誤読が避けられる。
　反対に、切れ目のないところに読点を打つと、読みにくくなってしまう。

⑤紹介する本の題名（<u>アマゾンなどで検索して、特定できるように正確に入力してください。</u>）

　「アマゾンなどで検索して」のあとに読点があると「検索した結果」のように解釈されやすく、ライターが検索をするかのように一瞬読めてしまう。しかし実際には、アップされた記事から、その記事の読者が検索して特定するはずである。そう考えると、「検索」と「特定」がセットで読めるように、読点がないほうが、理解が正確になるだろう。
　一方、句点のほうは箇条書きでの混乱がみられる。

⑥あくまで前向きな姿勢での文章を投稿して<u>下さい</u>
　事実無根の誹謗中傷などは投稿しないで<u>下さい</u>。

　⑥は箇条書きの例であるが、最初の文には句点がなく、次の文には句点がある。箇条書きの場合は句点をつけてもつけなくてもよいので、紛れやすい。

いずれかに統一されていれば問題はないが、⑥のように不統一だと校正が不十分だと見なされうる。

4.2. 語彙面の不適切さ

語彙の選択にも不適切さがしばしばみられる。たとえば、次の⑦である。

⑦オリジナリティのある内容を重視し、「実際に通っていなくても書ける」と判断されるような、ありきたりな内容につきましては<u>否認</u>の対象とします。

「否認」で意味がわからないわけではないが、警察署や裁判所で罪状を認めないことをまずイメージする。こうした文脈では、クラウドソーシングにおいては「非承認」という表現が一般的である。

⑧ご自身の<u>オリジナルの言葉</u>で書いてください。

「オリジナルの言葉で書く」とは、コピー＆ペーストをしないことを指すのだろうが、その人特有の言葉を創造して書かなければならないようにも受け取れる。「オリジナルの文章を執筆してください」のように「言葉」ではなく「文章」のほうが誤解なく伝わるだろう。
　また、言葉足らずと感じられる表現も多い。

⑨旅行の体験談を募集します。
　<u>「行ったうちの一箇所」</u>（町や特定の観光スポット、レストランなど）についての詳しい体験談をお願いします。

「行ったうちの一箇所」は、先行文脈「旅行の体験談」と、後続文脈のパーレンのなかにある「町や特定の観光スポット、レストランなど」から意味は取れるが、表現としては稚拙で「試みる日本語」の域を出ない。「訪れた観光スポットの1つ (特定の町や観光名所、レストランなど)」とすると、わかりやすくなりそうである。

⑩<u>やる気があるのであれば、初心者でも歓迎です。</u>

　日本語として間違いではないが、やや稚拙な印象がある。次に見る文法面の課題とも絡むが、「やる気があれば、初心者の方も歓迎します」ぐらいにすると、落ち着きがよくなる。
　一方、正確な表現でも、難しい言葉は間口を狭めてしまう。

⑪<u>口唇ヘルペス</u>について記事にまとめて下さい。

　いきなりこう書かれても、「口唇ヘルペス」という専門語を知らない人も少なくないだろう。「口唇ヘルペス（体調が悪くなると口のまわりにできる小さな水ぶくれ）」と書いてあると、自分にも思い当たることに気づき、この記事を書いてみようと思う人も増えるのではないか。ただし、こうした表現は、「口唇ヘルペス」の意味がすぐにわかる受注者のみを対象にしているとも考えられ、その意味では適切な表現である可能性もある。
　語彙の選択では、とくに副詞の使い方に問題が目立つ。

⑫<u>主に</u>ウェブ集客のテーマに沿った記事作成をお願いいたします。

　「ウェブ集客のテーマ」自体が漠然としていて、何を書いてよいか、自由度が高すぎるうえに、「主に」という副詞がついていると、書くことの焦点が絞れなくなってしまう。「主に」が使えるのは、「主に」を使った結果、その周辺が明確に意識されるときだけである。

⑬中国語の翻訳について記載があれば<u>大体</u>承認させていただきます。

　⑬で問題なのは「大体」である。「大体」では、少ないながらも、承認されない記事もありうるということで、承認の基準が主観的で曖昧であり、受注を希望するライターは不安を覚えるはずである。

⑭誤字・脱字が著しいもの。<u>感覚的には</u>4回以上。

「感覚的には」もまた基準が曖昧である。「著しい」だけよりも4回という数字のほうが基準としては明確だが、なぜ4回なのか、発注者の「感覚」がわからないと、やはりライターは不安を覚える。この募集を引き受けた場合、発注者の思い込みに振り回される予感がするライターも少なくないのではないか。

4.3. 文法面の不適切さ

クラウドワークスに掲載されている文章のほとんどは、日本語母語話者によって書かれたものだと思われるが、それでも文法の誤りは存在する。

たとえば、次の⑮は「の」の脱落である。

⑮継続して<u>仕事できる方</u>、<u>レスポンス早い方</u>を優先して採用します！

「仕事のできる方」「レスポンスの早い方」と書くほうが自然だろう。

⑯<u>質問の内容に沿った</u>、質問1～4まで繋がるように文章の作成をお願いします。

「質問の内容に沿った」の係る先が不明である。「質問の内容に沿って」として「文章の作成をお願いします」に係ることを明示するか、「質問1～4まで繋がるような」として「質問の内容に沿った」とともに「文章」という名詞に係る連体修飾節であることを明示するか、いずれかの方法を選択する必要がある。

⑰<u>おすすめの本や書評の記事</u>を作成します。

⑰は何と何の並列かがわからない。「おすすめの本の記事や書評の記事」なのか、「おすすめの本の記事やおすすめの書評の記事」なのか、「おすすめの本の記事やおすすめの本の書評の記事」なのかがわからない。おそらく最後のものを意味するのだろうが、そうだとすると、「おすすめの本の記事」と

「おすすめの本の書評の記事」とが何が違うのかがわからず、ライターは何を書いてよいか、混乱するだろう。

⑱特定の企業やサービス名、商品名は使用不可、<u>使用が確認できたら</u>非承認とさせていただきます。

　「確認できたら」というのは「できる」というポジティブな語感を含むので、ポジティブな内容を後件に予測する。ところが、実際には「非承認」というネガティブな内容が来る。だとしたら、「確認された時点で」のようなネガティブな内容を予測させるものにし、誤読を避けられるよう、文脈をコントロールする必要があるだろう。

⑲子育てに関わり、たくさんのベビーグッズを知り、多くの方に「こんなかわいいグッズがあるんだ」「こんな便利なものがあるんだ」という事を<u>伝えれる</u>ような、ベビーグッズを紹介するサイトの立ち上げを準備しております。
⑳『WEBサイト』や『出版物』等からの著作権を侵害す転用・転載は、専門取締機関や有料ツール、目視、他手法により厳密に調査させて頂き、違反をした場合はしかるべき対応を<u>取らさせて頂いております</u>。

　⑲の「伝えれる」のような「ら抜き言葉」や、⑳の「取らさせて頂いております」のような「さ入れ言葉」は、話し言葉ではもはや違和感も薄いが、ビジネスの依頼文書のなかで見ると、まだ落ち着かない印象がある。そうした点で読み手に違和感を与えないことも、文章作成のさいに重要な心がけである。

4.4.　情報面の不適切さ

　伝える情報には質の面と量の面がある。情報の質の面での問題は、伝わる内容が漠然としていてあいまいな場合と、伝わる内容が不正確な場合とがある。まず、漠然としているものから検討する。

㉑AEDに関して思う事を具体的に記事にまとめて下さい

　㉑のように言われても困る人が多いのではないだろうか。日本の政治や会社の給料について思うところがある人は多いだろうが、AEDについて思うことは、看護師や特別な経験を持った人でないかぎり、思い浮かばない人が多いのではないか。「AEDの使い方、設置場所、講習の体験など」のように冒頭に例示があれば、方向性が絞られ、具体的に書きやすくなると思われる。

㉒記事のジャンルは教育、受験、資格取得、子育てに関するもの等、多岐に
　渡ります。

　㉒もライターは当惑するだろう。記事のジャンルがあまりにも幅広く、何が求められているのか、よくわからないからである。AEDであれば、おそらく自分の書いた記事はAEDの啓蒙に使われるのだろうと予測が立つが、「教育、受験、資格取得、子育て」では自分の書いた記事がどう活用されるのか予想することが難しい。書くという作業は読み手が求めている内容を想像して書くものなので、漠然と書くように指示されることほど、しんどいことはない。次の㉓も同様である。

㉓下記サイトに、あなたが日常生活で感じている、特定の企業・サービスへ
　の要望を自由に投稿して下さい。

　一方、伝わる内容が不正確なものもある。

㉔魅力的なお尻の人について記事にしてください。

　このようなお題が与えられたライターはどのように書けばよいだろうか。字義どおり解釈すると、魅力的なお尻をした人のことを書くしかないが、そうなると、人の記述に終始してしまい、お尻の話がどこかへ行ってしまいそうである。
　後続文脈を確認すると、

- 誰ですか？（芸能人、モデルさんの場合、所属先なども教えてください）
- どんなお尻をしていますか？（そのお尻の良さを教えてください）
- いつそのお尻をみましたか？（お尻と出会った時のことを教えてください）

ということを説明するように指示がある。その指示を見て初めて、魅力的なお尻をした人の人物像に焦点を当てるのではなく、魅力的なお尻そのものに焦点を当てる必要があることがわかる。「魅力的なお尻をした人を1人挙げ、そのお尻の魅力と、あなたとの出会いについて書いてください」という指示であれば、混乱はなかったと思われる。

㉕あなた化粧品の選び方を教えて下さい

　㉕の「あなた化粧品」はもちろん「あなたの化粧品」の誤字であろうが、「あなたの化粧品の選び方」と言われても幅が広い。洗面台のまえで今日の化粧品をどれにするか選ぶ場合も、お店の化粧品売り場でどれを買うか選ぶ場合もあるだろう。人によっては、口紅か、グロスか、リップかで悩む場合もあるだろうし、デパートで買うのか、ドラッグストアで買うのか、通販で買うのか悩む場合もあるだろう。その意味で、「あなたの化粧品の選び方」という表現は漠然としている。

　しかし、後続文脈を見てみると、「値段で選ぶ」「成分で選ぶ」といった記述がみられ、化粧品を購入する判断基準を示していることがわかる。「あなたが化粧品を買うときに重視する基準を教えてください」であれば、読み手もここまで戸惑わなかったはずである。

　さて、今度は情報の量の面での問題を扱う。量の面では量が少なすぎるものと、量が多すぎるものがある。今回のデータでは量が多すぎるものがほとんどであり、量が少なすぎると感じられたのは次の例のみであった。

㉖記事タイトルには「不動産査定　また不動産売却」という言葉を1回使用してください。

　㉖は解釈が悩ましい。まさか「不動産査定　また不動産売却」という言葉

をそのまま使うことが求められているわけではないだろう。「不動産査定」「不動産売却」という2語を使うことが指示されていると思われる。しかし、そうだとしても、いずれかを1回だけ使えばよいのか、それとも1回ずつ使えばよいのかがわからない。「いずれか」か「いずれも」かを示していない点で情報不足であると考えられる。

　一方、量が多すぎるものには、何らかの意味で重複がみられる点で共通している。

㉗事前に何か予防策をしているか？
㉘育毛剤のちょっとした豆知識みたいな内容の記事なんかでも大丈夫です！

　㉗は偏頭痛についての記事を書くことが求められているが、「予防策」は「事前に」するものであり、「事前に」自体には何ら情報の価値がない。
　㉘は「豆知識」と書いてあるので、「ちょっとした」は不要である。単なる知識ではなく、「豆」知識だからである。

　次の2つはやはり重複表現であるが、重複の結果、微妙な含意が生じるものである。

㉙過度な誇張表現があるもの
㉚あり得ないほどの嘘くさい話は承認できないことがございます。

　㉙は禁止事項での文言だが、「過度な誇張表現があるもの」がだめならば、「過度でない誇張表現」ならばよいということになる。㉚も「あり得ないほどの嘘くさい話」が承認できないのなら、「ありそうな嘘くさい話」程度ならば承認されるという含意が感じられてしまう。しかし、それが発注者の本意なのかどうかは確かめようがない。
　次の2つの例はもっと極端で、同じ内容が重複して出てくるものである。

㉛すっぽんを食べた感想、すっぽんのアンチエイジング、精力的な効果等、スッポンを食べての感想などを書いて下さい。

㉜下記のテーマから３つ選んで、体臭について書いてください。
- 体臭についての悩み（いつから？どんな悩み？など）
- 体臭ケアのためにやっていること（サプリメント、薬、クリーム…など）
- やっていることの効果
- 成功体験
- 悩んでいる人に教えてあげたいこと

　㉛は「すっぽんを食べた感想」と「スッポンを食べての感想」が出てくる。すっぽんが平仮名か片仮名か、「食べた感想」か「食べての感想」かという違いはあるが、内容は同一のものである。
　㉜は５つあるテーマから３つ選ぶ課題であるが、うしろの３つ「やっていることの効果」「成功体験」「悩んでいる人に教えてあげたいこと」にはたいした違いはなく、この３つを選んで書いた人は、実質１つのテーマで書くことになりそうである。それならば、最初から「体臭についての悩み」「体臭ケアの方法」「その方法の効果」の３つを指定して書いてもらえばよさそうなものである。

4.5.　他者配慮面の不適切さ

　ここまでは言語の内容を伝える側面について見てきたので、次は言語の感情を伝える側面について扱いたい。発注者は、受注者が文書をどこまで理解できるのかという内容面を意識すると同時に、受注者が文書を読んでどう感じるかという情緒面のことにも配慮していると思われる。
　しかし、発注者がそうした配慮を怠り、受注者に悪印象を与えることもある。ここではそうした例を検討していくことにする。まずは、敬語の例から見たい。

㉝必ずご注意を読んでから作業を行って下さい。
㉞一般的なお話になりますが、念のためご確認ください。

　たとえ読み手が読むものであっても、書き手が書いたものに「ご注意」や

「お話」と敬語にするのは違和感がある。「注意」や「話」だと短くて落ち着かないのなら、「注意事項」や「内容」にすると表現が引き締まる。

㉟ライティングがお上手な方には継続案件も依頼させて頂きます。

「お上手な方」というのは相手に関わる敬語だから、間違っているとは言えないが、なんだか馬鹿にされているような印象もある。「ライティング技術の高い方は」「優れた文章を書かれた方は」のように、文章を書く人ではなく、文章を書く技術や書いた文章を評価するほうが、嫌みな印象は薄れるだろう。

㊱あなたが悩んだ経験や取り組んだ対処法を教えてあげてください。

「教えてあげてください」という言い方は、記事を読む人よりもライターを高く評価する表現ではあるが、「あげる」のような恩着せがましくなりがちな授受表現を不必要に使うと、ライターに上から目線での記事執筆を強要することになる。そうした評価を含めない「お書きください」のほうが、これを読むライターも抵抗感なく受け取れる。
「してもかまいません」という表現もよく使われるが、「してもしなくてもかまいません」ということで、あまり積極的な意味にはならず、受注者を戸惑わせるものである。㊲であれば「体験談も歓迎します」、㊳であれば「付けると見やすくなります」と、肯定的にはっきり書くほうが、受注者の好感度は上がりそうである。

㊲不動産の売却の体験談でもかまいません。
㊳段落を3程度に分けて見出しを付けても構いません。

クラウドソーシングの場合、会ったことのない相手と仕事をするので、受注者は、発注文書から発注者の人柄を読みとり、よい関係を築けそうな相手かどうかを慎重に吟味する。そのため、「仕事をしていただく」ではなく「仕事をさせてやっている」という意識が言葉の端々に表れるようだと、受注希望者は寄りつかなくなる。㊴は「当然」という副詞の使い方にそうした優越

した意識が感じられる。

㊴誤字脱字がある、日本語がおかしいなどは<u>当然否認対象とさせていただき</u>ます。

　クラウドソーシングの場合、顔を合わせることがない相手であるため、発注者も過去に不快な思いをしていることが多いと考えられ、問題のある受注希望者を避けようとして、言葉遣いが厳しくなりがちである。すでに見た㉑の例もそうであるし、次の㊵と㊶もそうした例である。これを目にした受注希望者は、仕事を受注するまえから不正を疑われているようで、けっしてよい気持ちはしないだろう。そうした文言が、不正とは無縁な心ある受注希望者を遠ざけてしまうおそれもある。

㊵内容のないスパム記事などを投稿された方は<u>運営会社に通報します</u>。
㊶著作権侵害は犯罪です。
　　"著作権、出版権、著作隣接権の侵害は、10年以下の懲役又は1000万円以下の罰金"

5.　評価の高い文書の表現

　ここでは、評価の高い文書を1つ取り上げ、その表現を検討する。まずは、次の文章をざっとお読みいただきたい。

....

［仕事の詳細］
【依頼詳細】
　「スロージューサー」や「野菜ジュース」についての記事をお願いいたします。
　タイトルをこちらで指定しているので、好きなものを選んで頂きその内容に沿って、客観的な目線・文体で知識の説明などの文章で作成してください。文末は、です・ます調でお願いします。

◆文章の書き方について◆

　文章の書き方ですが、読みやすく見出しで分けて（見出しの数は2個以上いくつでもOKです）、最後に読み手へのアドバイス等をまとめて頂きますようお願いします。

例）
・記事タイトル
　序文
・見出し
　内容
・見出し
　内容
・見出し
　内容
・まとめ
　読み手へのアドバイス等

　また、文章のまとめ方について下記サイトに詳しく書いてありますので、興味のある方はご覧くださいませ。
http://bazubu.com/web-writing-13266.html

◆作業量と報酬◆
1記事900字以上　1記事300円

◆注意事項◆
以下の場合、非承認とさせていただく場合があります。
・内容が自身の経験だった場合。
・内容が薄すぎる・ズレている場合。
・コピペツールでコピペ率が60％以上だった場合。
・です・ます調でなかった場合。

◆禁止事項◆
・記事の使い回し、他サイトからのコピペ
・自動投稿ツールの使用
・公式サイトやwikipedia、他の類似サイトなどからの著作権侵害
・過去に自身で作成された記事の転用
・文章内容を一部入れ替えただけの記事の流用
・違法行為を推奨する内容
・特定の個人や団体、企業を誹謗中傷する内容

　また、納品頂いた記事の版権・著作権は弊社に帰属いたしますので、他への流用は一切不可となります。よろしくお願い致します。

....

　評価の低い文書を概観したあとなので、全体をとおして読むと、そつのない表現で構成された読みやすい文書であることが一層明確になる。内容の不適切さにおける表記面の不適切さ、語彙面の不適切さ、文法面の不適切さ、情報面の不適切さ、配慮の不適切さにおける他者配慮面の不適切さがとくに見当たらず、「何を書けばよいか」「どのように書けばよいか」「仕事量と条件はどうか」「何に注意し、何をしてはいけないか」が一目でわかる構成となっている。よい点が指摘できないわけではないが、むしろ欠点が見当たらないところが最大の特徴である。このことから、よい文章とは何かということを考えた場合、悪いところのない文章と考えることができそうである。

6.　おわりに

　本章では、ビジネス文書の一種であるクラウドソーシングの文章を取り上げ、表現上の問題点を内容の不適切さと配慮の不適切さに分け、さらに前者について、表記面の不適切さ、語彙面の不適切さ、文法面の不適切さ、情報面の不適切さの4つに下位区分し、後者については他者配慮面の不適切さに限定して分析した。
　その結果、表記面の不適切さは、漢字の選択や句読点の打ち方に、語彙面

の不適切さは、語彙の選択や表現の稚拙さ、難語の選択や主観的な副詞に、文法面の不適切さは、雑な文法使用や文脈への配慮不足、話し言葉的な文法要素の選択に、情報面の不適切さは、質の面ではあいまいな表現に、量の面では説明不足や重複に、それぞれ問題がみられることがわかった。

　一方、他者配慮面の不適切さは、敬語や授受表現の不適切な使用、「してもかまいません」のような消極的な表現、さらには、上から目線が感じられる表現や受注希望者を疑ってかかるような姿勢に、読み手が敏感に反応する可能性があることを指摘した。

　そして、そうした問題点を数多く含むものが悪い文章であり、そうした問題点が少なく、読み手が違和感や抵抗感を持たずにスムーズに読めるものが結果としてよい文章であることを見た。その背景には、よい文章は、読み手が読みやすくなるように洗練した日本語である「伝える日本語」を目指して彫琢しなければならないにもかかわらず、書き手のまとまった主張を表した日本語である「表す日本語」、さらには、書き手の思いつきを書き留めたにすぎない日本語である「試みる日本語」のレベルに留まっているという問題が存在することを示唆した。

　なお、今回の分析では、内容の不適切さのなかに含まれるテキストレベルの不適切さである「構成の不適切さ」、および、配慮の不適切さにおける他者配慮面の不適切さと対になる「自己開示面の不適切さ」については紙幅の都合で触れることができなかった。今後の課題としたい。

●さらに勉強したい人のために

1　岩淵悦太郎（編著）(1979)『悪文 第3版』日本評論社
　　悪文というものを日本語学的に捉えた画期的な本。国立国語研究所発展の基礎を作った当時の所員がそれぞれの立場から創意工夫を凝らして執筆を行っている。文章の良し悪しを語学的に分析するという研究の伝統は、ここから出発したといっても過言ではない。

2　岩田一成（2016)『読み手に伝わる公用文―〈やさしい日本語〉の視点から』大修館書店
　　「やさしい日本語」の研究をしている筆者の最新作。公用文ウォッチャーを自認する筆者だけのことはあり、公用文の実例の数々に圧倒される。駄目な公用文だけでなく、優れた公用文も引用され、公用文への愛情が感じられる。駄目な公用文も、なぜ駄目なのか、その理由と代案が明示されているので参考になる。

3　石黒圭（編）(2017)『わかりやすく書ける作文シラバス』くろしお出版
　　日本語母語話者、中国人日本語学習者、韓国人日本語学習者が、説明文・意見文・歴史文という3つのジャンルで執筆した文章を量的・質的分析し、日本語教育に役立てることを目指した

論文集。コーパスから得られる学習者の表現上の困難点を広く抽出し、それをどう教育で解決していくべきか、具体的な提言が示されている。

注

1 以下の説明には筆者の解釈が含まれている。「日本語マニュアルの会」の共通見解については横井ほか（2015）を参照のこと。

2 出版業界の不況のために発行点数が増えつづける昨今、そうした条件を満たさない出版も少なくないという批判もあるかもしれない。

3 東京工業大学の比嘉邦彦研究室のメンバーが発注者の観点から研究を進めている（井川（2014）など）。なお、本章は受注者の観点からの研究である。

4 研究会のメンバーは、熊野健志氏（㈱富士通研究所）、三浦拓馬氏（㈱いわきテレワークセンター）、塚本鋭氏（㈱クラウドワークス）、小豆川裕子（㈱NTTデータ研究所）および、蒙ユン氏と布施悠子氏（いずれも国立国語研究所）、佐野彩子氏と井上雄太氏と岩崎拓也氏（いずれも一橋大学）である。

参考文献

井川甲作（2014）「発注者からみたクラウドソーシング―その概要と事例紹介」『日本テレワーク学会誌』12–2: pp.41–44. 日本テレワーク学会

石黒圭・蒙ユン・布施悠子・志賀玲子・佐野彩子（2016）「クラウドソーシング発注文書における日本語表現のパイロット調査」第18回日本テレワーク学会発表、2016年7月3日、ちよだプラットフォームスクウェア（東京都千代田区）

佐久間まゆみ(2003)「文章・談話における『段』の統括機能」佐久間まゆみ（編）『朝倉日本語講座7　文章・談話』pp.91–119. 朝倉書店

高宮務（2016）「クラウドワーカーのパフォーマンス予測に関する調査―CSP指標の有効性について」第18回日本テレワーク学会発表、2016年7月3日、ちよだプラットフォームスクウェア（東京都千代田区）

林四郎（1990）「文の成立事情―文章論的文論への序説」『国語学』160: pp.40–50. 国語学会

横井俊夫・石崎俊・佐野洋・石黒圭・猪野真理枝・烏日哲（2015）「日本人のための日本語マニュアル―言葉の仕組を学び、外国語との対照を通じて日本語スキルを磨く」『Japio year book』pp.346–351. 日本特許情報機構

3 作文と評価
日本語教育的観点から見たよい文章

伊集院郁子

概要

　よい作文か否かを論じるには、作文のジャンルや与えられた課題、執筆状況だけでなく、作文の執筆者や評価者の属性等、様々な要因を考慮する必要がある。主に日本語母語話者を対象とする国語教育では、均一の文化背景、教育のもとに育った学習者を想定しているが、世界中から集う留学生を対象とする日本語教育においては、個々人が母国で受けた教育内容や教育を受けた言語、日本語学習動機や習得レベルの多様性等、複雑な要因が絡み合い、指導に困難を伴うこともある。

　本章では、国語教育および日本語教育における作文教育の現状を概観し、主に高等教育機関における日本語教育で行われてきた作文研究を振り返ったうえで、作文評価のケーススタディを紹介する。日本人学生と留学生が1つの教室で共に学ぶ機会が増加している現状に鑑み、日本人大学生と日本語学習者が執筆した意見文の評価の分析を通し、大学教員が共通して「よい」または「悪い」と考える意見文、評価者によって評価が分散する意見文の特徴を探る。

1.　はじめに

　「よい作文」とは何かを考えるには、評価するのはだれか (専門の教員、語学の教員、クラスメイト、一般人)、作文を書いたのはだれか (小学生、大学生、留学生)、作文のジャンルは何か (読書感想文、物語文、説明文、論述文)、どのような状況で書い

たのか（指示文の内容、宿題か試験か、執筆時間の制限、辞書使用の有無）等、様々な要因を考慮しなければならない。評価者個人の有する文化的背景や価値観に根差す文化差、個人差も影響する。日本の小学校で、友達の書いた読書感想文をクラスメイトが評価するのと、大学受験の際に、受験者の小論文を専門の教員が評価するのとでは、適用される評価指標も異なる。すなわち、「作文のよさ」は一律に定義できないものであり、また、「よい」の観点を考えるとき、「作文の字がきれいだった」「興味深かった」「独創性を感じた」といった主観的な観点を完全に排除することも困難である。

しかし、現在の大学教育においては、教育成果を客観的に示すことが喫緊の課題として取り上げられており、評価には公平性と透明性、評価結果に対する説明責任が求められている。また、「書けない」学生の存在が深刻な問題となり、「書く力」の育成が「大学が総力を挙げて取り組まなくてはならない重大な問題」（読売新聞2016年7月8日別刷特集「大学の実力2016」）と指摘されていることや、政府主導で2020年までに留学生数を30万に増やすという「留学生30万人計画」により、日本人学生と留学生が1つの教室で共に学ぶ機会が増加している現状にも鑑み、本章では日本の大学入学時において期待される文章表現能力について考えてみたい。以下、次節で国語教育および日本語教育における作文教育に触れたうえで、3節で高等教育機関における日本語教育をフィールドとした作文の先行研究を概観し、4節で大学における日本語意見文の評価を焦点に行ったケーススタディをもとに、よい意見文とは何かを考える。

2. 作文教育の現状

2.1. 「作文」の教育

「作文」は、文または文章を書く行為を指すだけでなく、書かれた文または文章自体も指すと同時に、国語科教育における単元の名称でもある。小学校では、読書感想文やイベントの振り返り（例：「楽しかった運動会」「夏休みの思い出」）や人間的成長や心の滋養（例：「将来の夢」「尊敬される人になるために」）を目的としたテーマが中心であり、関連するものとして豊かな想像力を育むための物語作

文等が扱われる。従来の作文教育は心情の伝達に関しては成果を挙げているが、事実や状況を正確に伝え、自分の考えを整然と主張するための言語技術の教育は不足しているという指摘（木下1990）や、大学生の「書く能力」を問題視する声（読売新聞2016年7月8日別刷特集「大学の実力2016」）もある。また、文部科学省高等教育局大学振興課大学改革推進室（2015）によると、初年次教育を導入している大学は、平成25年度においては690大学（約93.5%）であり、そのうち「レポート・論文の書き方などの文章作法を身に付けるためのプログラム」に取り組んでいる大学は621大学（84.1%）に上る。「初年次教育」とは「高等学校から大学への円滑な移行を図り、大学での学問的・社会的な諸条件を成功させるべく、主として大学新入生を対象に作られた総合的教育プログラム」（p.18）と定義されるが、最も多いのが文章作法の教育であることからも、初等・中等教育において、必ずしも「書く力」が十分に育成されていないという現状が窺われる。

　一方、日本語を母語としない学習者に対する日本語教育においては、実用性が重視され、国語教育で行われるような人間的成長や心の滋養、想像力の向上等を目指した「作文」は、年少者教育の場を除いてほとんど行われない。通常は、初級から上級へと学習が進むプロセスの中で、既習の語彙や文型を用いて自己紹介や日常生活に関する文を書くことから始まり、社会文化的なテーマに関する説明文や意見文、時事的・専門的なテーマに関するレポートへと発展させ、段階的に文章表現能力を育成している。

2.2.　作文の評価指標

　言語能力を客観的に示す評価指標の作成は、外国語や第2言語の言語教育において積極的に推進されているが、その先駆けともいえるものがEU統合を果たした欧州で誕生した「ヨーロッパ共通参照枠（CEFR）」であり、日本でも、国際交流基金がCEFRを参照し、「JF日本語教育スタンダード」を開発している。4節で分析の対象となる高等教育機関における日本語教育に着目したものとしては、大学で必要な日本語力に特化した「JLPTUFSアカデミック日本語Can-doリスト（「AJ Can-doリスト」）」（東京外国語大学）や留学生と日本人学生が協働して学ぶ交流授業用の「北海道大学日本語スタンダーズ（2016年

版)」等が開発されている。これらのリストに示されている「作文」関連の評価指標には、より高次の作文へ発展させる際の教育過程が明示されている。例えば、日本語を使ってアカデミックな分野において何ができるようになるかを"Can-do statements"（言語能力記述文）で示している「AJ Can-do リスト」を例にみると、「短い文章」から「長い文章」へ、「具体的なこと（日常的・身近な話題）」から「抽象的なこと（社会的、専門的な話題）」へと段階をおって書く力を向上させることが示されている。(http://www.tufs.ac.jp/common/jlc/kyoten/development/ajcan-do/)

　また、作文等のパフォーマンスを伴う課題を評価する際の具体的なツールとして、近年「ルーブリック」に注目が集まっている。ルーブリックとは、特定の学習課題に関する評価項目とその到達レベルをマトリクスで示したものであり、各レベルにみられるパフォーマンスの基準、特徴が記述されている。教員による採点のツールとしてだけでなく、学生自身がルーブリックの検討や作成を経験することで、学習の目的やプロセスを客観的に分析、判断していくメタ認知能力も獲得できるとされている。文部科学省中央教育審議会 (2012) で取り上げられた影響もあり、多くの教育機関でルーブリックを用いた実践が報告されているが、各教育機関、クラスの目的に応じた評価指標が整備されれば、それに応じて教育の内容・質も共に深化していくことが期待されるため、評価の透明性や教育の質保証を求める声が高まる中で、このような取り組みは今後も活発化していくだろう。

3. 「作文」をめぐる研究

3.1. 全体的な流れ

　日本語教育の分野において、「作文」の研究はどのように発展してきたのだろうか。日本語教育学会の学会誌『日本語教育』（1962年12月発行の第1号から2015年8月発行の第161号まで）に投稿された論文類で「作文」「意見文」「文章」をタイトルに含むもの（文章の文法や読解に関するものは除く）を調べてみると、60～70年代は3本、80年代は8本、90年代は15本、2000年代以降は27本あり、70年代は「作文における誤用研究」、80年代は「指導法」、90年代は「指

導法」と「作文の文章構造やモダリティの分析」、2000年代以降は「ピア・レスポンス」「作文の推敲過程」「作文の構想」等の学習のプロセスに着目した研究が本数の多いテーマとなっている。

　また、同じ「作文指導」をテーマとしたものでも、80年代は「中上級レベルでの指導」「帰国子女に対する指導」のような対象別指導が取り上げられているのに対し、90年代以降は「学習者自身による推敲を生かした指導」「論文作成を目指す指導」等、学習のプロセスを重視した指導に焦点がおかれている。その背景には、日本語学習者の多様化によって習得の多様性、個別性が注目され、学習者が獲得した言語知識よりも学習能力や認知過程に関心が集まるようになった変化がある。全体的な流れとしては、作文の分析対象は学習者のプロダクトからプロセスへ、教師による指導はミクロな誤用修正からマクロな談話構成指導へ、教室活動は個人の内省活動からピア・レスポンスによる協働作業へと着目点が変化しており、今後も社会状況の変化に伴い、作文をめぐる研究の観点も変遷していくことが予想される。

3.2.　作文評価に関連する先行研究

　作文評価に関連する先行研究では、学習者の母語や母文化、作文のジャンルや時代、作文評価者の属性によって「よい」と考える基準が異なることが明らかになっている。

　学習者の母語による作文の相違については、日本語および英語の母語話者による作文を分析し、アメリカ人学生はgeneral-to-specific、日本人学生はspecific-to-generalの型を好むとする研究 (Kobayashi 1984) や英語が演繹的であるのと対照的に日本語は帰納的な文章であるとの指摘がみられる (Hinds 1987)。これらの研究では、好まれる文章構造が母語によって異なる可能性が示唆されている。一方、近年の研究では、日本人大学生は文章の冒頭と最後に主張をおくとする研究結果もあり (伊集院・髙橋2012)、時代や教育内容の変化に伴って、好まれる型も変化している可能性がある。また、作文のジャンルの違いに着目してみると、日本語の新聞の社説やコラムをデータとした先行研究では、意見・主張・結論を文章の最後に述べるタイプが多いとされており (メイナード1997、李2008)、文章のジャンルによっては、近年でも伝統的な「起承転

結」型の構成が好まれる傾向もみられる。

さらに、評価者の属性によって評価の観点が異なることも指摘されている。田中他 (1998) は、日本語教師と一般日本人に学習者作文の順位付けと評価基準に関する質問紙調査を行い、両者とも内容面を重視して表記の重視度が低いこと、前者は後者より「構成・形式」を重視し、より多面的な視点から評価していることを指摘した。その後の一連の研究を経て坪根・田中 (2015) では、「内容」「構成」の評価に着目し、同じ日本語教師の中でも、異なる評価傾向をもつ評価者グループがあることを明らかにしている。

このように、「よい作文」の条件は一律に規定できるものではないが、近年急速に整備が進んでいる作文コーパスを利用して評価研究の追試を行ったり、テキストマイニング等の言語処理技術を用いて作文評価の量的研究を推し進めたりすることによって、今後は「よい作文」の条件を精緻化していくことも可能になるだろうと思われる。

4. ケーススタディ：「よい意見文」とは

本節では、伊集院他 (2016) および野口他 (2016) に基づき、「よい意見文」とは何かを探るために、①評価者 (大学教員) の評価の観点、②評価が高い意見文、低い意見文、分かれる意見文の特徴に着目したケーススタディを紹介する。なお、ここでいう「意見文」とは、「与えられた課題の指示に従い、自分自身の考えを、根拠を挙げて筋道立てて書いたもの」(日本学生支援機構2013) を意味する。これは、日本の大学への入学選考試験の一環として2002年に開始された「日本留学試験」の日本語科目の中の「記述」が測定するものである。

4.1. 分析の流れ

本分析で用いるデータは、日本の大学で教える教員6名による①意見文40編 (うち15編は豪州、韓国、台湾の日本語中級レベル以上の学習者によるもの) の5段階評定 (「非常によい」「よい」「ふつう」「あまりよくない」「悪い」) の結果、②評価を決定づけたポイントの記述文 (以下「評価記述文」)、③評価に関するフォローアップ・イン

タビューおよびディスカッション（計3時間）の記録である。評価対象に用いた意見文は、いずれも同一課題・同一条件で書かれたものであるが、内容・構成・日本語力の面でのバラエティを確保するために「日本・韓国・台湾の大学生による日本語意見文データベース」（http://www.tufs.ac.jp/ts/personal/ijuin/terms.html）より25編、"The Corpus of Multilingual Opinion Essays by College Students（MOECS）"（http://www.u-sacred-heart.ac.jp/okugiri/links/ moecs/moecs.html）より5編、さらに新規に収集した日本人大学生による意見文10編の合計40編をデータとして用いた。

　意見文執筆時の課題文はいずれも「今、世界中で、インターネットが自由に使えるようになりました。ある人は「インターネットでニュースを見ることができるから、もう新聞や雑誌はいらない」と言います。一方、「これからも、新聞や雑誌は必要だ」という人もいます。あなたはどのように思いますか。あなたの意見を書いてください。」である。辞書などは使用せずに、60分以内で原稿用紙1枚に800字程度で執筆した。

　上記データを用いて、①5段階評定の平均値と標準偏差に基づき40編の中から「高得点群」10編、「低得点群」10編、「分散群」5編の計25編を抽出、②評価者6名による「評価記述文」をデータとし、KH Coder（▶第5章）を用いて語の使用頻度および共起関係を分析、③上記②の結果とフォローアップ・インタビューおよびディスカッションで得られたコメントに基づき、高得点群、低得点群、分散群の特徴を分析という手順で進めた。

4.2.　分析結果

　評価者には、大学に入学したばかりの1年生（留学生を含む）が執筆した意見文を想定し、大学1年生のアカデミック・ライティングとして、評価者自身の基準で総合的に判断し、5段階評定を行うよう依頼した。その結果、表1のとおり、高得点群、低得点群、分散群の意見文を抽出した[2]。

4.2.1.　評価の観点の分析：KH Coderによる「評価記述文」の分析

　KH Coderは、樋口耕一氏が開発したテキスト型データを統計的に分析するためのフリーソフトウェア（http://khc.sourceforge.net/dl.html）で、文章の内

[表1] 意見文3群の抽出結果

分類	平均点	標準偏差	抽出基準	内訳
高得点群	5.00–4.67	0.00–0.52	全評価者の得点が 高い意見文	日本人大学生：10編
低得点群	2.67–2.00	0.52–0.89	全評価者の得点が 低い意見文	日本人大学生：1編 日本語学習者：9編
分散群	4.17–2.67	1.10–1.21	評価者間の得点が 分かれる意見文	日本人大学生：4編 日本語学習者：1編

容分析、テキストマイニングに適したツールである。共起ネットワーク（▶第4章5.1節）を視覚的に捉えることができるため、大学教員の評価コメントの分析に用い、評価の観点を探ることにした。分析の結果、延べ20回以上の頻度で出現していた語は表2のとおりであった。具体的な使用例は、「評価記述文」の例に下線で示す。

[表2]「評価記述文」中の高頻度語（延べ20回以上出現）

順位	語（回数）	順位	語（回数）	順位	語（回数）	順位	語（回数）
1	根拠（86）	8	問題（43）	15	少ない（31）	22	論理（26）
2	主張（64）	9	誤字（41）	15	意見（31）	23	結論（23）
3	日本語（54）	10	脱字（40）	17	説得（29）	24	示す（22）
4	構成（52）	11	新聞（33）	18	感じる（28）	25	多い（21）
5	文章（51）	12	規定（32）	18	読む（28）	25	述べる（21）
6	思う（47）	12	文字数（32）	18	文体（28）	27	段落（20）
7	論旨（44）	12	守る（32）	21	表現（27）	27	展開（20）

※10位の「脱字」、12位の「規定」、「文字数」、「守る」の4語を除き、複数の評価者の「評価記述文」に出現したものである。

高得点群の「評価記述文」の例
主張と相反する意見のデメリットと対になるメリットが順に示され、根拠として明瞭で説得力もある。構成も流れに沿って読み進めることができる。

低得点群の「評価記述文」の例
観点が定まらず論理展開もはっきりしない。日本語の誤用や文体の混用もあり、アカデミック・ライティングとは程遠い。

次に、KH Coderで得点群ごとの「評価記述文」の共起ネットワーク図を作成したところ、評価者が高く評価する際は評価の観点がまとまりやすい傾向があるが、低得点群、分散群では様々な評価項目が出現し、ネットワークが複雑な様相を呈していた。高得点群では、「根拠─構成」「多角─検討─つなげる」「譲歩─立場─適切」「文末─明確」「最初─結論─明示」、低得点群では、「主張─構成」「文章─稚拙─誤用─印象」「意見─不十分─説得─欠ける」「文体─混用─不正確」といった共起ネットワークが構成された。また、高得点群にはみられない共起ネットワークの特徴から、低評価群と分散群の意見文では、文体の混用や特定の言語要素の多用も問題視されていることがわかった。

4.2.2.　意見文の分析：意見文3群の特徴

　続いて、上記の分析で評価の観点として抽出された項目が意見文のどのような点に表れているのか探ってみる。表2に挙げた高頻度語に基づき、3群に分類された25編の意見文を構成面（「構成」「文章」「論理」「段落」「展開」）、内容面（「根拠」「主張」「論旨」「意見」「説得」「結論」）、表現面（「日本語」「誤字」「文体」「表現」）の3つの観点から分析する。

①構成面

　まず、3群全てで評価の観点として重視されている「構成」の良し悪しを探る手がかりの1つとして、主張の位置に基づいて文章構成の型を分類する。
　「頭」＝第1段落、「尾」＝最終段落、「中」＝それ以外とし、どの段落に主

[表3] 得点群ごとの文章構成

分類	文章構成				
	頭尾型	中尾型	尾型	分散型	総計
高得点群	5	3	2	0	10
低得点群	2	3	2	3	10
分散群	2	2	1	0	5
総計	9	8	5	3	25

文章型

　文章型とは、文章全体の構造の類型を指し、頭括型、尾括型、両括型、中括型、分括型、潜括型の6種が設定される（佐久間1999）。

頭括型：文章の冒頭部に中心段が位置するもの
尾括型：文章の結尾部に中心段が位置するもの
両括型：文章の冒頭部と結尾部に中心段が位置するもの
中括型：文章の展開部に中心段が位置するもの
分括型：文章の2か所以上に複数の中心段が分散して位置するもの
潜括型：文章中に中心段がなく、主題が背後に潜在するもの

　文章型を論じる際に重要な概念として、「段」と「統括」がある。「段」は「文」と「文章」の中間に位置する単位であり、「内容上、一まとまりの話題を表し、形式上、その一くぎりを示す統括機能を有する言語形態的指標をもつ言語単位」（p.14）と定義される。これは、書き手が改行一字下げすることによって設けた「形式段落」の概念とは異なり、内容上のまとまりを表す「意味段落」に当たるものである。また、「段」の中で「文章の主題をまとめて一編を完結させる統括機能を有する段」は「中心段」と呼ばれる。

　「統括」は、「文章を構成する文の連続において、一つの文が意味の上で文章全体を締めくくる役割を果たしていることが言語形式の上でも確認される場合、その文の意味上形態上の特徴をとらえて文章の全体構造における統一性と完結性とを根拠づけようとする文法論的観点」（永野1986：315）と定義され、佐久間の「文章型」は、永野（1986）、市川（1978）等の先行研究諸説をふまえて設定されたものである。文章の統括力を示す言語形態としては、接続表現、指示表現、反復表現、省略表現、提題表現、叙述表現が提示されている。

　なお、「文章型」と同様の概念に「文章構成」があるが、佐久間（1999：1）によれば、「「文章構成」とは、書き手の表現意図に基づく文章の「構想」が表現される過程に生じるプランのこと」であり、「漢詩の作法に由来する「起承転結」や能楽論に基づく「序破急」、西洋修辞学による「序論・本論・結論」等」がある。「文章型」で分類すれば、伝統的な日本語の文章構成といわれる「起承転結」、「序破急」は、文章のおわりに主題がおかれる「尾括型」となる。

張が表れるか、という観点から分類した結果 (表3)、高得点群は、第1段落と最終段落で主張が明示される「頭尾型」が半数を占めていたことから、冒頭で主張が伝わる文章の方が高く評価されているといえる[4]。一方、低得点群には最後の段落に至るまで主張が明らかにならないもの、主張に対する譲歩的な記述が長いもの、複数の主張が唐突に提示されるものがみられ、高得点群とは議論の進め方が異なっていた。

　一見同じような構成であるにもかかわらず、評価結果が全く異なる意見文の例を例1・2に紹介する。例文中の誤用は修正せず原文のまま示す。冒頭のアルファベット2文字 (JP=日本、TM=台湾、KR=韓国、AU=豪州) と数字3桁は執筆者のID、末尾の数字2桁は文番号である。また、文頭の□は段落開始のための1文字下げ、■は段落終了、■Lは意見文終了を意味する。

[例1] 低得点群の意見文例

TM042-01	□科学技術の発達にしたがって、インターネットもだんだん普及してきた。	譲歩的背景情報 (ネットの＋面)
TM042-02	インターネットで、出かけなくてもショッピングまでもできる。	
TM042-03	さらに、さまざまな情報は速いスピードで流通している。	
TM042-04	パソこンがあったら、いつでも世界中で起こている事件を知ることができる。	
TM042-05	インターネットがなかったら、生活はとても不便だと言える。■	
TM042-06	□最近、「インターネットでニュースを見ることができるから、もう新聞や雑誌はいらない」と言われているが、私はそう思わない。■	主張 (新聞必要論)
TM042-07	□まず、インターネットということは、パソコンがあっても、使用できるとはかぎらなことだ。	根拠1 (ネットの－面)
TM042-08	どんなにインターネットが普及していても、電車やバスに乗っているときは使用しにくいではないでしょうか。■	
TM042-09	□さらに、新聞にいろいろな情報が載っている。	根拠2 (新聞の＋面) (ネットの－面)
TM042-10	家庭医学や美容についての、それに読者のさまざまな意見がいっぱいある。	
TM042-11	もし、それらを全部データに入れたら、多くの人力や資金や時間が必要だと思う。■	

　例1の序論部分が読み手に負担を与えるのは、冒頭の5文が執筆者の主張 (＝新聞必要論) と相反する立場をサポートする譲歩的記述 (＝ネットの＋面) であ

TM042-12	□それに、新聞や雑誌より、テータの資料は管理上難しいと思う。	根拠3
TM042-13	必要な文章を早くコピーしておかなければ、使用しようとするときウェブはなくなるかもしれない。■	（ネットの－面）
TM042-14	□それらの故に、私はインターネットでニュースを見ることができても、新聞や雑誌は要ると思う。■L	主張 （新聞必要論）

るにもかかわらず、6文目で「私はそう思わない」という「主張」が突如表れ、唐突感を与えていることに起因する。一方、例2に示す高得点群の論理展開は、上記の低得点群の例と同じ6段落構成で、展開もほぼ同じパターンであるにも関わらず、読み手に負担を与えない工夫が随所にみられる。

例2に限らず、高得点群の論理展開にはいくつかの共通点が存在する。まず、「主張→根拠→主張」を核に、最初の主張の後か最後の主張の前に「譲歩→反論」が加わるパターンが典型的で、そのバリエーションとして冒頭に

[例2] 高得点群の意見文例

JP006-01	□私は、インターネットが情報収集の中心になったとしても、新聞や雑誌は必要だと思う。■	主張 （新聞必要論）
JP006-02	□確かに、ここ数十年で我々と情報との関係は大きく変わった。	
JP006-03	その一因となっているのは、コンピュータの普及によるインターネット利用者の増加である。	
JP006-04	今やほとんどの家庭に1台以上のコンピュータがあり、たとえ所有していないにしても、インターネットカフェや図書館などの公共施設でインターネットを利用することができる。	譲歩的背景情報 （ネットの＋面）
JP006-05	これを使えば、瞬時に国内のみならず世界中のあらゆる情報を知ることができる。	
JP006-06	本当に便利な世の中だ。■	
JP006-07	□しかし、少数派ではあっても、お年寄などインターネットを使えない人々がいることは確かだ。	譲歩への反論 ＝根拠1
JP006-08	彼らにとっては未だに新聞や雑誌といった紙メディアが重要な情報源なのだ。■	（ネットの－面） （新聞の＋面）
JP006-09	□また、インターネット上の情報というものは、正確さよりも速さを重視している傾向にあると私は考える。	
JP006-10	膨大な情報の中からどれを選ぶかも一苦労なのに、どれが正しい情報かを見分けるのは容易ではない。	根拠2 （ネットの－面） （新聞の＋面）
JP006-11	一方、一般読者よりは目の肥えた記者や編集者を介し、推稿された情報を載せるはずの新聞や雑誌の方が信憑性が高いのではないかと思う。■	

JP006-12	□さらに、グローバルな社会において有用なインターネットに対し、ローカルな場所における新聞・雑誌の役割に注目したい。	
JP006-13	学校や特定の地域で配られる新聞や会報誌などには、量としては多くないが人々にとっては身近で重要な情報が盛り込まれている。	根拠3 （新聞の＋面）
JP006-14	またこれらが地域をつなぐネットワークの中心となり、人々が意見を交換したり団結を強めたりする場として重要な役割を担っていると思う。	
JP006-15	人と人とのつながりが感じられる、手作りの情報源の大事さを忘れてはならないだろう。■	
JP006-16	□以上の点から、これからも新聞や雑誌は必要であると私は考える。■L	主張 （新聞必要論）

「背景」や「問題提起」が加わる構成がみられる。また、例1・2に下線で示したような接続表現、指示表現が有機的に結びついて論理展開がわかりやすいこと、自身の主張にとって不利な情報にも言及したうえで反論を加え、多角的な検討がなされることが高得点に結びついた要因となっている。

②内容面

　意見文は、執筆者自身の主張とそれを支える根拠が必須の要素となっている。表2をみると、「評価記述文」の中で「根拠」と「主張」が最も多く出現しており、意見文の評価には、「主張」を導く「論理」に「説得」力があるか否かが重要なポイントになっていることがわかる。各意見文の「主張」は、表4に示す4つのタイプに分類される。

　「新聞必要論」は「これからも新聞・雑誌は必要だ」という主張で、最も多くの意見文がこの主張のタイプである。「両立論」は「新聞もネットもどちらも必要だ」という主張または「新聞は消滅しないだろう」という「新聞必要論」よりも弱い新聞支持の立場を示すもの、「ネット支持論」は「新聞は消滅するだろう」または「もはや新聞は価値がない」という主張を示すものである。「その他」に分類したものは、上記いずれにも分類できないもので、このうち、与えられた課題について社会的観点と個人的立場から論じた意見文は高得点を得ているが、「ネット支持論」から「両立論」さらに「新聞必要論」へと主張が変遷するものや、対立する主張を両方支持するような記述がみられるもの、主張の解釈に困難を要するものは低得点につながっている。

[表4] 得点群ごとの主張のタイプ

分類	主張のタイプ				
	新聞必要論	両立論	ネット支持論	その他	総計
高得点群	6	2	1	1	10
低得点群	5	2	0	3	10
分散群	1	2	1	1	5
総計	12	6	2	5	25

　また、主張の対立はみられないものの、「新聞必要論」から始まり、最後に新聞とネットの両立に言及している意見文は評価が分散している。当然のことながら、どのような主張をしているかではなく、どのように論理を組み立て主張につなげているかが評価を左右しているといえる。

　続いて、「主張」に説得力をもたせるために重要な役割を果たす「根拠」の特徴を分析してみたところ、低得点群では、個人的経験談や好みなど、主観的と受け取られる根拠が散見された。また、言語能力の不足により、根拠が論証性を欠く断言であると受け取られたり、一般常識にそぐわない見解だと判断される例も観察された。

　例えば、先に例1 (低得点群の意見文例) で示したTM042は、新聞必要論の立場をとるが、その根拠として、根拠2に新聞の情報の豊かさと文字情報のデータ化に伴う負担、根拠3にインターネットの情報管理の難しさを挙げている。しかし、現在では新聞記事は初めから電子媒体で作成されているために、ネットに載せるために「多くの人力や資金や時間が必要」(TM042-11) とされるわけではない。また、一般常識としては、電子データよりも紙媒体の方が情報の管理がしにくいと考えられるため、紙媒体の管理のデメリットには一切言及せずにネット上の情報管理の難しさだけを挙げても、客観性が欠如しているような印象を与えてしまう。また、以下の例3は、根拠として個人的習慣を挙げ、13行目 (AU030-13) の後半で主張を述べているが、やはり主張を導くための根拠部分が脆弱に感じられる。

　一方、高得点群の意見文にも「個人的経験」への言及がみられるが、意見文の導入部分で、主張を導く以前のエピソード部分で語られたり (例4)、すでに主張が明示された後で、文章全体の末尾部分に補足的に出現しており (例5)、低得点群の例とは談話における働きが異なっている。

AU030-11	毎日習慣に、スマートフォンで雑誌の記事を読んでいます。
AU030-12	新聞や雑誌はウェッブサイトや社会メディアやスマートフォンとタブレットのアプリケーションで出版したので、日常生活にぴったりだ。
AU030-13	□しかし、大学から家に帰る間に紙で作った新聞を読んでいるので、これからも、新聞や雑誌は必要だと思う。

　分散群については、「主張」を支える「根拠」部分に着目して分析してみたところ、他の意見文とは異なる新規性のある視点が盛り込まれている場合に、評価者が面白いと感じるか否かで評価に差が生じている例がみられた。以下の例6は、ネットのマイナス面として、コスト回収が不可能でビジネスモデルが成立しないことを挙げているが、この情報が正しいのか判断が難しいと感じ、さらに雑誌についての言及（JP012-13）を余談として受け取った評価者が1名いたことが評価を分散させた原因となっている。また、例7は、ネットにあふれる情報の氾濫の弊害を「甘いお菓子を食べすぎて味覚が鈍くなっ

[例4] 高得点群「個人的経験」（意見文冒頭）

JP127-01	□私は今年大学に入学し、一人暮らしを始めた。
JP127-02	去年までは実家に住んでいたので、毎日新聞を読んでいたのだが、一人暮らしを始めてからは新聞を購読していないので、毎日家で新聞を読むということがなくなってしまった。
JP127-03	インターネットでニュースを見ることがあるが、やはり新聞で情報を得る方がいいと感じることがよくある。
JP127-04	これは、新聞や雑誌にはインターネットにはない独特の良さがあるからだと考える。■

[例5] 高得点群「個人的経験」（意見文末尾）

JP004-14	□以上のように、新聞・雑誌には利点・必要性があると思います。
JP004-15	何よりも、新聞・雑誌を読むことによって得られる楽しみがあるため、私はそれらが必要だと思うのです。
JP004-16	入浴の際に手にする雑誌、コーヒーを飲み一息つきながら読む新聞など、私個人にとって、新聞・雑誌は生活の一部となっているのです。■L

た」(KR031-15) と説明する部分で、「面白い」と判断した評価者と「誤用が
あって読みづらい」と判断した評価者で評価が分散する結果となった。

③表現面
　これまでの分析ですでに低得点群、分散群の日本語表現上の問題点も示さ
れているが、高得点群は例2に示したとおり、接続表現や指示表現が有機的
に機能して文章全体をまとめているだけでなく、例2のJP006-12や以下の例
8のように、議論の展開を示すメタ言語を有効に利用していることも特徴で
ある。メタ言語とは、「談話において、自分あるいは他者の言ったこと、これ
から言うことに言及する表現」(西條1999:14) であり、作文においては読み手の
理解を整理したり促進したりする機能を担うと考えられる。

[例6] 分散群「新規性のある根拠」(余談と判断されて評価が分かれる例)

JP012-10	信用に足るニュースを得るには、どうしても費用が発生する。
JP012-11	ここでインターネット上で課金制のニュース閲覧にしても、簡単に情報が不定特多数に伝達されるので、ビジネスモデルが成立しない。
JP012-12	このような経済的な理由もある。■
JP012-13	□雑誌についてもインターネットと共存するだろう。
JP012-14	新聞社と同じで、経済的な理由があるからだ。
JP012-15	つまり、様々な要望を満たすため、情報を収集するのだが、そのコストを回収するよい方法がネットにはないということだ。■

[例7] 分散群「新規性のある根拠」(誤用により評価が分かれる例)

KR031-10	あまりも多い情報なので、読者はせんたくがだんだんむずかしくなる。〈中略〉
KR031-13	それで自分の好きな情だけ取って、自分にいらない部分はすてるようなせんたくが、よりはげしく起るであろう。
KR031-14	最近の若者たちが国の問題や政活の話題に対して、「別に知りたくない」と言うけいこうもその一であろう。
KR031-15	甘いお菓を食べすぎて、くちした味覚が鈍くなるわけだろう。■

また、例2は「コンピュータの普及によるインターネット利用者の増加」(JP006-03)、「正確さよりも速さを重視している傾向」(JP006-09)、「ローカルな場所における新聞・雑誌の役割」(JP006-12)等の連体修飾節による情報の詳述や抽象語彙の産出、「思う」「のだ」「考える」「だろう」等の文末表現のバリエーションにおいても、例1の低得点群とは相違がある。同一の文末形式の多用については低得点群、分散群で指摘されており、豊かで多様な文末表現の産出も高得点群には必要とされているようである。以下の例9は、「でしょう」の多用によって表現が単調で根拠が希薄な印象になると指摘され、評価が分散した例である。

　また、分散群については、5編中4編が日本人大学生による意見文であったが、すでに言及した視点の面白さの他に、例10に示すような語彙のカジュアルさや文体の混用等において、評価者間の個人差が反映されており、日本語母語話者であっても語彙や文体のフォーマリティに関する指導が有効となる場合があると考えられる。

　執筆の際、文体に関する指定はしておらず、基調となる文体は普通体（「だ・である体」・常体）でも丁寧体（「です・ます体」・敬体）でも問題ないが、例10のような語彙レベルでの文体の混用の他にも、例1のTM042-08や例3のAU030-11のように、文末が基調となる文体から乖離する例もあった。表5からは、文体の混用が評価を下げる一因となっていることがわかる。

[例8] 高得点群「メタ言語」

JP095-01	□インターネットでニュースを見ることが出来る現在、新聞や雑誌は必要か。
JP095-02	この問いには、2通りの考え方があるように思う。
JP095-03	□1つは、インターネットでニュースが見られるという社会状況の中、新聞・雑誌は社会的に不必要で消滅してもいいのか、という意味での受け取り方である。
JP095-04	もう1つは、インターネットでニュースを見ている個人にとって、新聞・雑誌は必要ないのか、という意味での受け取り方である。
JP095-05	□前者には、私は断固として否と答えるし、この答えには多数のコンセンサスが取れると思う。

[例9] 分散群「同一の文末表現の多用」（全13文中、6文に使用）

JP061-01	□インターネット上で流れるニュースの最大の利点として挙げられるのは、何と言っても情報の早さ<u>でしょう</u>。〈中略〉
JP061-04	膨大な紙資源のムダ使いをなくすことができると考える人もいる<u>でしょう</u>。
JP061-05	□実際、私の周りにも新聞をとらずにインターネットのニュースを見るだけで生活している人も少なからずいます。
JP061-06	もはや新聞や雑誌がないと生きていけないような時代ではないことは明らかだと言える<u>でしょう</u>。

[例10] 分散群「日本人大学生による文体の混用」

JP029-03	携帯電話でインターネットを見ることができるようになってきている<u>が</u>、携帯電話の画面は小さく、あまり長い時間、文字を読み続けるには不向き<u>です</u>。
JP029-04	それに、持ち歩いたときに、新聞や雑誌なら<u>グシャグシャ</u>になっても、まあ許せます<u>が</u>、パソコンに傷でもついたら、ショックだと思います。
JP029-05	□新聞や雑誌がインターネットに比べ、信憑性において優れていることも変わらないでしょう。〈中略〉
JP029-09	日本でも、老人でパソコンを<u>バリバリ</u>使える人は、一般人では少ないでしょう。

[表5] 得点群ごとの基調文体と文体の混用数

分類	文体			混用あり
	普通体基調	丁寧体基調	総計	
高得点群	7	3	10	0
低得点群	7	3	10	9
分散群	2	3	5	4
総計	16	9	25	13

5. おわりに

　本章では、「よい作文」を考える観点は一様ではなく、作文の評価者、執筆者、ジャンルや執筆条件等に大きく影響されることを述べた。また、先行研究においても、学習者の母語や母文化、作文のジャンルや時代、作文評価者の属性等によって、好まれる作文のスタイルやよいと考える基準が異なるこ

とが明らかになっていることを指摘した。後半のケーススタディでは、大学教員による日本人大学生と日本語学習者の意見文の評価結果を紹介した。本分析の特徴として、①分析者自身が収集し一般に公開しているコーパスから意見文を抽出したこと、②評価コメントの分析に、テキストマイニングに適した分析ツール(KH Coder)を利用したこと、③②で浮かび上がった評価の観点を手がかりに、評価された意見文に戻って質的分析を行ったことが挙げられる。本ケーススタディの日本語教育への応用としては、文中・文末の文体の統一、連体修飾節を利用した情報の詳述、結束性をもたらす言語表現や抽象的な語彙の産出、多様な文末表現の使い分けを教えるだけでなく、それらが文章の内容、構成にどのような影響を与えるか意識させることで、より「よい意見文」につながることが期待できるだろう。得点差のある文章を学習者自身が比較分析することによって、その相違を見出すような学習方法も効果的だと考えられる。

　ここで紹介したのは小規模な分析の一例に過ぎないが、作文コーパスが充実し、テキストマイニング等の分析ツールも急速に発展している現代、よい文章をめぐる研究がさらに発展していくことを期待したい。

●さらに勉強したい人のために
1　石黒圭（2004–2007）『よくわかる文章表現の技術』（全5巻）明治書院
　　豊富な課題と文章例をたどりながら、よい文章を書くための方略の数々が学べる実用書であると同時に、日本語学の知見に基づいた研究書としての役割も果たす。「表現・表記編」「文章構成編」「文法編」「発想編」「文体編」の全5巻からなり、文章を分析対象とする研究者に様々な研究の視点を与えている。文章の書き方に悩む大学生、文章表現を指導する教員にとっては教科書としても活用できる。
2　宇佐美洋（2014）『「非母語話者の日本語」は、どのように評価されているか―評価プロセスの多様性をとらえることの意義』（日本語教育学の新潮流7）ココ出版
　　学習者作文（謝罪文）を対象とした日本語母語話者による「評価」のビリーフやプロセスを探り、そのあり方がいかに多様であるかを明らかにしている。本章で取り上げた「高等教育機関におけるアカデミック・ライティング」とは異なる「社会生活の場を想定した謝罪文」の評価を扱うが、よい文章とは何かを考えるうえで共通する課題も多い。量的分析と質的分析（プロトコル分析とPAC分析）を組み合わせた研究手法も参考になる。

注
1　43号（1981.2）で「特集」として「表現の指導―書くことを主として」が取り上げられた影響もある。

2 　評価者は日本語教員3名、人文社会系教員3名であったが、IRT（Item Response Theory：項目応答理論）系のモデルで6名の評定値を分析した結果、相関行列は一因子性を示し、6名の評価の傾向に差はみられなかった。

3 　佐久間（1999）は、どの段落が全体を統括するかという観点から、「頭括式」「尾括式」「両括式」等の用語で文章構造の型を分類しているが（▶コラム「文章型」）、本分析は統括の概念とは異なるため、あえて同じ用語を用いるのは避けた。なお、伊集院・髙橋（2012）では、本分析における「文章構成」と同じ意味で「文章構造」という用語を用いている。

4 　高得点群の「中尾型」「尾型」の中には「問題提起」の1文（例：JP016-03「それでは、本当に新聞はもう不必要なのだろうか。」）を反語解釈して主張と認定すれば「頭尾型」になるものも1例ずつ含まれていた。

参考文献

樋口耕一（2014）『社会調査のための計量テキスト分析―内容分析の継承と発展を目指して』ナカニシヤ出版

伊集院郁子・小森和子・李在鎬・野口裕之・奥切恵（2016）「意見文の評価を左右する要因は何か―KH Coderを用いた評価コメントの分析を通して」『2016年度日本語教育学会秋季大会予稿集』pp.255–256. 日本語教育学会

伊集院郁子・髙橋圭子（2012）「日本・韓国・台湾の大学生による日本語意見文の構造的特徴―「主張」に着目して」『日本語・日本学研究』2: pp.1–16. 東京外国語大学国際日本研究センター

市川孝（1978）『国語教育のための文章論概説』教育出版

木下是雄（1990）『レポートの組み立て方』筑摩書房

李貞妿（2008）『韓日新聞社説における「主張のストラテジー」の対照研究』ひつじ書房

メイナード，泉子・K（1997）『談話分析の可能性―理論・方法・日本語の表現性』くろしお出版

文部科学省中央教育審議会（2012）「新たな未来を築くための大学教育の質的転換に向けて―生涯学び続け、主体的に考える力を育成する大学へ（答申）」<http://www.mext.go.jp/b_menu/shingi/chukyo/chukyo0/toushin/1325047.htm>2016.10.31

文部科学省高等教育局大学振興課大学改革推進室（2015）「平成25年度の大学における教育内容等の改革状況について（概要）」<http://www.mext.go.jp/a_menu/koutou/daigaku/04052801/__icsFiles/afieldfile/2016/05/12/1361916_1.pdf>2016.10.31

日本学生支援機構（2013）「日本語「記述」問題について」『日本留学試験（EJU）』<http://www.jasso.go.jp/ryugaku/study_j/eju/about/score/writing.html> 2016.10.31

永野賢（1986）『文章論総説』朝倉書店

野口裕之・李在鎬・小森和子・奥切恵・伊集院郁子（2016）「作文評価の手法を問い直す―IRTモデルを用いた尺度値の分析」『第27回第二言語習得研究会(JASLA)全国大会予稿集』pp.79–80. 第二言語習得研究会

西條美紀（1999）『談話におけるメタ言語の役割』風間書房

佐久間まゆみ（1999）「現代日本語の文章構造類型」『日本女子大学紀要文学部』48: pp.1–28. 日本女子大学

田中真理・初鹿野阿れ・坪根由香里（1998）「第二言語としての日本語における作文評価基準―日本語教師と一般日本人の比較」『日本語教育』96: pp.1–12. 日本語教育学会

坪根由香里・田中真理（2015）「第二言語としての日本語小論文評価における「いい内容」「いい構成」を探る―評価観の共通点・相違点から」『社会言語科学』18-1: pp.111–127. 社会言語科学会

Kobayashi, Hiroko. (1984) Rhetorical patterns in English and Japanese, *TESOL Quarterly* 18, pp.737–738.

Hinds, John. (1987) Reader versus Writer Responsibility: A New Typology. In Connor, U. & Kaplan, R.B. (eds.) *Writing Across Languages: Analysis of L2 Text*, pp.141–152. MA: Addison-Wesley.

第2部

技術編
文章の科学を支える技術

4 文章の計量的分析

李在鎬

概要

　本章では、量的なアプローチに基づいて文章を分析する手法について紹介する。とりわけテキストマイニングと呼ばれる分析手法に注目する。まず、テキストマイニングの成立背景を明らかにするため、計量言語学との関連についてふれる。そして、テキストマイニングの分析手順としてどのような作業を行うのか、どのような分析手法があるのかについて述べた後、言語教育への応用可能性について考える。

1.　はじめに

　言語研究の分野では、文章がもつ複雑な情報を、語や句といったミクロな要素に分割して、理解するアプローチが存在する。このミクロな要素を量的分析でもって分析し、文章がもつ性質を明らかにすることを目指したのが計量言語学である。

　本章では、日本語研究の視点から事例紹介をしながら、計量言語学における基本的な問題意識を確認する。その上で、計量言語学の方法論を継承しつつ、より実用性を重視した方法論として注目されているテキストマイニングについて述べる。なお、本章の考察は、文章の計量的分析の方法論全体を紹介するものであるため、第5章〜第7章の理論的背景としての位置づけをもつ。

2. 計量言語学

　テキストデータの計量的分析は、計量言語学という分野において多くの研究がなされてきた。計量言語学では、数理的な方法でもって、言語現象を扱うことを目指しており、言語現象を質量に還元し、計測するという方法論でもって研究を行っている（▶第1章4.4節）。計量言語学の中でも特に顕著な成果を出している分野として、計量文体論があるが、書き手の特徴を表す「文体」を量的に捉えることを目指し、様々な研究がなされてきた。

　計量文体論とは、簡単にいえば、文章の特徴を数量的に考察しようとする学問である（陳2012）。計量文体論において、「文体」は「文章上の個人的な体臭、あるいは個人的な習性を意味するもの」（前川1995）と捉えられており、代表例としては、文の長さに関する調査例がある。

[表1] 作家の文の長さ（前川1995:8）

作家	作品	文の長さの平均
夏目漱石	吾輩は猫である	29.8
夏目漱石	坊っちゃん	30.9
志賀直哉	城の崎にて	28.8
志賀直哉	暗夜行路	25.6
谷崎潤一郎	細雪	170.1
川端康成	雪国	55.5
川端康成	伊豆の踊子	30.2
井上靖	楼蘭	47.8
太宰治	斜陽	71.4
太宰治	人間失格	48.7
大江健三郎	万延元年のフットボール	43.0
村上春樹	羊をめぐる冒険	36.7
村上龍	五分後の世界	46.2
吉本ばなな	うたかた	41.2
吉本ばなな	キッチン	35.7

表1では、15編の小説における1文の平均的な長さを示している。この場合の長さとは句点から句点までの文字数のことであり、表1は、その平均値である。一般に、谷崎潤一郎は文が長く、志賀直哉は文が短いといわれているが、表1からもそのことが確認できる。ところで、こうした1文の長さを測ることに、どんな意味があるのだろうか。この問に答えるためには、計量文体論の理論的前提について確認する必要がある。

計量文体論では、次のことを前提にしている。文体とは、書き手による文章の指紋のようなものであり、データ科学の方法を用いることで客観的に捉えることができる、ということである。データ科学の方法の具体例としては、表1に示した文長などが代表的な事例である。そのほかに品詞の分布や語の長さ、語彙の特性値、n-gram（▶第6章4.1.1節、第9章5.1節）[1]、語種の分布、句読点の頻度や位置なども有効な指標とされている（計量国語学会2010）。こうした指標を使った分析を通して、計量文体論では、文章の著者や執筆時期を推定する研究などを行ってきた。本書の10章で紹介するリーダビリティ研究においても、こうした計量文体論で用いられている分析指標を使って、文章の難易度を推定している。

3.　テキストマイニングの成立

計量言語学の進化を受けつつ、ウェブの発達によって大量の文章データを処理するために成立した研究領域として「テキストマイニング (text mining)」という分野がある。テキストマイニングとは、テキストを対象にした統計的な分析手法の総称である。なお、マイニングとはmine (採掘する) の活用形で、大規模なテキストデータから有用な情報を採掘することを意味する。

［図1］テキストマイニングの分析イメージ

図1では、テキストマイニングの分析イメージを示した。テキストマイニングでは、テキストファイルを分析の対象とする。テキストファイルのままでは、統計的な分析はできないため、テキストファイルに含まれる文字情報を、何らかの数量データに変換される。具体的には、縦にケースが配置され、横に変量が配置されるデータ形式に変換する。そして、数値変換されたデータに対して、統計分析がなされる。この統計分析を通して、分析者は情報を採掘していくのである。

　テキストマイニングでは、統計分析を行うが、伝統的な数理統計学の世界で行うような検定論を中心とする分析ではないことに注意する必要がある。テキストマイニングでは、テキストに含まれる語句同士の関連を分析したり、語句をまとめあげ、グループを作ったり、語句や文章の分類ルールを作ったり、さらには、語句や文章の分布に対する潜在的な因子を抽出したりするのが中心である。いわゆる検定論で行われるような標準偏差や分散値をもとめ、集団間の平均に有意な差が認められるかどうかを調べる、といった目的よりも、大まかな傾向が確認でき、分析者にとって興味深い発見ができることのほうが優先される。

　こうした理由から、テキストマイニングの方法論的特性として、最適性・一意性が保証されない、ということがよくいわれている（豊田（編著）2008）。伝統的な統計分析を行った場合は、得られた回答の妥当性を示す情報がついている。例えば、重回帰分析であれば、決定係数をみれば、モデルの妥当性が判断できるし、判別分析であれば、判別の正答率をみれば、解の最適性が確認できる。また、伝統的な統計分析では、同じデータからは同じ結果が得られるということで、解の一意性が保証される。しかし、テキストマイニングの世界では、分析時の初期値や些細なオプションの変更によって、分析結果が大きくかわるため、最終的な判断は分析者の責任においてまとめられることも少なくない。つまり、「最適な解に到達できる保証がない」、「結果が一定していない」ということになるが、テキストマイニングの研究者は、このことが研究手法として問題であるとは考えていない。というのも、テキストマイニングでは、理論的にきれいなモデルを使い、きれいな結果を得ることは求めていないからである。

　大規模なテキストデータに対して情報を発掘し、ある程度の価値ある事実

が発見できれば、そこで計算をストップし、分析を終結させるのが一般的である。こうしたテキストマイニングの考え方は、一見すると、伝統的な数理統計学と対峙するものにもみえるが、テキストマイニングでも多変量解析による分析モデルを使うことが多いこともあり、近年では数理統計学の応用分野としての地位を確立していると考えられる。

4.　テキストマイニングの手順

テキストマイニングを始めるためには、3つの要素が必要である。

①テキストデータ
②分析用ソフトウェア
③データ分析の遂行力

テキストマイニングでは、テキストに対して分析を行うものであるので、まずは、①のテキストデータ、すなわち文章の電子データが必要である。一般的には、テキストファイルで構成された文書ファイルということになる。次に、テキストマイニングはコンピュータ上で処理を行うので、色々な分析用のソフトウェアを使用する。

次に、②の分析用のソフトウェアに関しては、どの程度の予算をかけ、どこまでを1つのソフトウェアで行うのかによって、いくつかの選択肢がある。テキストマイニングに特化したツールで企業が商用の分析用パッケージとして販売しているものもあるが、商用のソフトウェアに共通していえるのは、高額であることと内部処理の詳細が企業秘密のためブラックボックスになっていることである。例えば、テキストマイニングのソフトウェアでは、文章から単語を取り出す際、何らかの形態素解析や構文解析といった処理を行うが、その解析エンジンが何か、どんな解析辞書を使っているのかは非公開の場合が多く、解析結果の考察や原因を追求する際、困ることが時々ある。一方、フリーウェアとしてのテキストマイニング用ソフトウェアもいくつか公開されているが、フリーウェアの場合、商用のソフトウェアのようなメンテナンスは受けられないため、何かエラーが起きた場合、その対応に膨大な労

力を要することと、機能的に限られているソフトウェアが多いことが課題である。ただ、導入コストという意味では、限りなくゼロに近いため、まずは、フリーウェアから試してみるとよい。次章で紹介する「KH Coder」（▶第5章）もテキストマイニングのためのソフトウェアの1つであるが、「KH Coder」はフリーソフトウェアでありながら、非常に多機能であることと処理ステップや内部処理が明示されている点で、研究目的で利用する場合は好都合である。

　最後の③のデータ分析に関する遂行力には、複数の資質が求められる。まず、テキストマイニングでは、コンピュータで何らかの集計モデルや統計モデルを使うため、当然ながらコンピュータの運用スキルやソフトウェアの運用スキル、さらには、統計的な手法に対する理解が大前提になる。しかし、実際の調査・分析では、それだけでなく、①データと根気よく付き合う忍耐力、②言語事実を捉える力、③最適な変量を発見する力、④結果を解釈する力も求められる。というのも、テキストマイニングの場合、数百から数万の単位のデータを扱うことになるので、先入観なしにデータと向き合いながら、データが示す言語事実を正しく拾うための能力が必要だからである。そのためには、先行理論のバイアスを排除し、素直に言語事実をみて分析する力が必要である。そして、テキストデータを解析することで、様々な変量が出現するが、どれに対して分析をするのかという選択プロセスが発生する。変量の取捨選択が適切でないと、意味のある結果にならない。最後に、すべての統計分析に共通していえることであるが、分析結果として膨大な情報が出力されるが、どの値を、どうみるのかを元データとの関連で、正しく解釈する力が常に求められる。

4.1.　テキストデータの構築

　テキストマイニングでは、テキストを対象に分析を行うものであるため、最初のステップとしてテキストを収集・構築する作業が必要である。このテキスト構築は、分析の目的と内容によって必要な量と質を検討する必要があり、しっかりとした調査デザインのもとで行う必要がある。

　テキストデータの構築では、紙データから電子化をする場合は、スキャナーとOCR (Optical character recognition) ソフトウェアを用いてテキストデータを作る作業が必要である。一方、ウェブのデータやコーパスデータを用いて分

析を行う場合は、テキストエディターを使い、ファイル形式や文の区切りなどを整える作業が必要である。

　テキストマイニングでは、どのソフトウェアを使うかによって、データの形式を考えなければならないが、一般的には.txtという拡張子がついたテキストファイルを使えば、ソフトウェアとの相性の問題はクリアできる。

4.2.　データクレンジング

　調査の目的と内容を踏まえ、一定量のテキストファイルが構築できたら、次のステップとしてデータをきれいにしていく作業が必要である。この作業のことを、「データクレンジング」という。データクレンジングの主な作業項目としては、以下の4点である。

①絵文字などの特定のフォントに依存した文字はないか。
②文の区切りに関する情報は入っているか。
③1文の長さとして、長すぎる文はないか。
④表記が統一されているか。

　マイクロソフトのワードなどの場合、1つのテキストにおいて複数のフォントを指定できるが、テキストファイルでは、そのようなことはできない。そのため、特定のフォントに依存した文字が入っていると文字化けを起こしたり、処理時にエラーが出たりする。従って、①の作業として、特定のフォントに依存した文字があれば、除去しておくのがよい。
　次に、②と③の作業は、形態素解析などのテキスト処理を行う場合に必要になる。まず、②として文の終わりを示す情報がないと正しい解析結果が得られないため、文の区切りを表す情報として、句点や改行コード「↵」などの情報が適切に入っているのか確認する必要がある。
　次に、③の作業として、1文の長さとして長すぎる文がないか確認する作業が必要である。形態素解析プログラムでは1文の長さの上限を設定している。例えば、京都大学大学院情報学研究科で開発した「JUMAN」（http://nlp. ist.i.kyoto-u.ac.jp/index.php?JUMAN）の場合、200形態素(300 〜 400文字程度)を超え

る文が入っているとエラーがでる。

　④の作業として、調査の目的によっては異表記を修正する作業が必要となる。テキストマイニングでは、文字列に対して処理を行うため、表記が違えば、違う語として認定されてしまうことがある。例えば、「子ども」、「子供」、「こども」を1つの語として数えたい場合は、異表記を修正する作業が必要である。異表記の統一作業は、手間のかかる作業で、何らかの言語資源に準拠して行うのがよい。例えば、『表記統合辞書』(http://www2.ninjal.ac.jp/lrc/index.php) などを利用すれば、効率的に作業を行える。

4.3. テキスト解析

　データクレンジングが終わったら、次のステップとして、文字データを数値に変換するために、テキスト解析の作業が必要である。テキスト解析においては、調査の目的によって作業項目を選択していく必要がある。例えば、調査の目的上、単語を認定する作業が必要であれば、「形態素解析」を使う。さらに、単語同士の依存関係を認定する作業が必要であれば、「構文解析」を使う。しかし、単語も単語同士の依存関係も必要なく、表層の文字列だけでよいということであれば、n-gram を使い、n個の隣接している記号を1組にして、まとめていき、数え上げていく (詳細は金 (2009) 参照)。

　形態素解析を使う場合、「JUMAN」「ChaSen」「MeCab」などの複数の解析エンジンが無償で公開されているため、それをダウンロードして使うことができる (▶第6章3節)。また、形態素解析システムが参照する解析用の辞書に関しても、「UniDic」や「IPADIC」などが公開されており、分析の目的を踏まえて、選択する必要があるが、次章の「KH Coder」では奈良先端科学技術大学院大学で開発した「ChaSen」と「IPADIC」が組み込まれているので、それに基づいて説明する。

　「ChaSen」を使い、「この論文は、田中さんが2年前に書いたものです」という文章を解析した場合、図2のようになる。

　図2の形態素解析の結果は、縦方向に形態素が並び、横方向に形態素に付随する言語情報が並んでいる。1列目は、表層の文字列、2列目は、発音、3列目は、基本形 (辞書形)、4列目は、品詞、5列目と6列目は活用形に関する情

[図2] 形態素解析の例

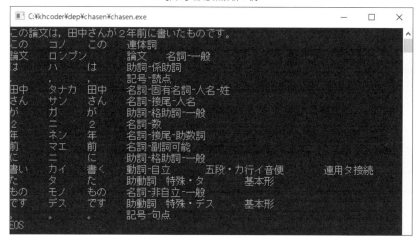

```
C:¥khcoder¥dep¥chasen¥chasen.exe                        —   □   ×
この論文は，田中さんが２年前に書いたものです。
この      コノ      この      連体詞
論文      ロンブン    論文      名詞-一般
は       ハ       は       助詞-係助詞
,                        記号-読点
田中      タナカ     田中      名詞-固有名詞-人名-姓
さん      サン      さん      名詞-接尾-人名
が       ガ       が       助詞-格助詞-一般
２       ニ       ２       名詞-数
年       ネン      年       名詞-接尾-助数詞
前       マエ      前       名詞-副詞可能
に       ニ       に       助詞-格助詞-一般
書い      カイ      書く      動詞-自立      五段・カ行イ音便      連用タ接続
た       タ       た       助動詞  特殊・タ         基本形
もの      モノ      もの      名詞-非自立-一般
です      デス      です      助動詞  特殊・デス        基本形
。                       記号-句点
EOS
```

報が表示される。テキストマイニングにおいて形態素解析を使う一番の利用
目的としては、品詞の使用頻度をもとにテキストを特徴づけるという使い方
である。

　構文解析を使う場合、「KNP」「CaboCha」などのソフトウェアが無償で公
開されているため、それをダウンロードして使うことができる。構文解析を
行うことで、図3のような構成要素間の係り受け関係を調査することができ
る。

[図3] KNPによる構文解析の実例

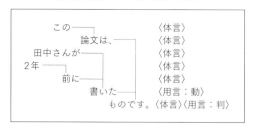

図3の依存関係を示した図は、視覚的に把握するためには便利であるが、テキストマイニングにおいては、電子データで出力し、何らかの集計モデルをあてて、分析を行う。

4.4. データテーブルの作成

前述のとおり、統計分析は数値データに対して行うものである。テキストマイニングではテキストの全体を形態素解析し、品詞や語種といった言語情報を集計する。例えば、図2の品詞情報をもとに集計した場合、表2のようになる。

[表2] データテーブルの例

No.	品詞ラベル	度数	%	累積%
1	名詞	7	50%	50%
2	助詞	3	21%	71%
3	助動詞	2	14%	86%
4	動詞	1	7%	93%
5	連体詞	1	7%	100%

表2では、図2の品詞の使用頻度をもとにデータテーブルを作成した。品詞の集計は、Excelのピボットテーブルなどを使えば、簡単に実行できる（詳細は李（他）(2012) 参照）。表2は、非常に単純な集計例であるが、1行目には変数名が、2行目以降にケースが配置されているところに注目してほしい。そして、列に注目すると、左端に各ケースに対する固有番号が振られ、2列目にケースのラベルが、3列目〜5列目の変数に対する各ケースの値が入っている。テキストマイニングを含む統計分析では、基本的には表2のようなデータテーブルをもとに分析を進めることになる。

5. テキストマイニングの分析手法

5.1. 可視化

　可視化とは、データテーブルをもとにグラフを作成し、示す技術の総称である。この可視化の手法は、分野によってはグラフ分析とも呼ばれ、確立した分析手法の1つとして認識されている。

　図4では、一般の日本語学習者向けに文法積み上げ式シラバスに基づいて作成された日本語教科書である『みんなの日本語』(スリーエーネットワーク) と理工系の留学生向けに機能シラバスに基づいて作成された日本語教科書である『SFJ (Situational Functional Japanese)』(凡人社) における高頻度「サ変名詞」の使用頻度を比較したものである。図4から、それぞれの教科書の特徴を把握することができる。

[図4] 可視化の例：棒グラフ

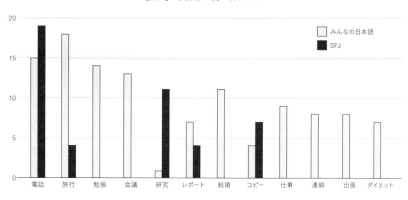

　図4の単位は使用の度数であるが、この図によって次のことが読み取れる。『みんなの日本語』の場合、仕事や結婚やダイエットといった日常生活領域における語彙が使用されているが、『SFJ』の場合、研究やレポートやコピーといった研究目的の留学生に特化した語彙が使用されており、教材の対象となる学習者の違いが見て取れる。

テキストマイニングの可視化において特に注目されているのが、共起ネットワークである。図4は単語レベルでの可視化であるのに対して、図5の共起ネットワークの場合、よく一緒に出現する語の組み合わせ、すなわち共起語に注目する点で、表現単位での情報抽出ができる。

[図5] 可視化の例：共起ネットワーク

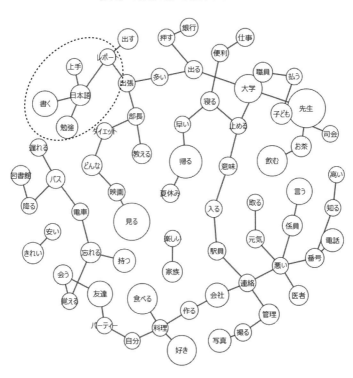

　図5はKH Coderを使い、『みんなの日本語』の前処理を行った上で、動詞と名詞とイ形容詞とナ形容詞の共起を共起ネットワークとして描画したものである。これによって、言語に表れる概念同士のつながりも同時に確認できる。例えば、左上の「日本語」に対して、「書く」「勉強」「上手」「レポート」という単語が共起していることがわかる。これのもとになっている使用例を次頁に示した。

1	土曜日　何を　しましたか。日本語を　<u>勉強</u>しました。　それから　映画を　見ました。
2	カリナさんに（から）　チョコレートを　もらいました。テレビで　日本語を　<u>勉強</u>しましたか。いいえ、ラジオで　<u>勉強</u>しました。
3	ラジオで　<u>勉強</u>しました。日本語で　<u>レポート</u>を　書きますか。
4	おかげさまで　よく　なりました。日本語が　<u>上手</u>に　なりましたね。
5	スポーツは　あまり　好きじゃないんです。日本語で　手紙を　<u>書いた</u>んですが、ちょっと　見ていただけませんか。

　この共起ネットワークのように、共起する語を線で結び、共起の構造を視覚的に表現する方法は、決して新しいものではないが、コンピュータ性能の向上と分析技術の進化により、膨大なデータに対して、瞬時に処理でき、テキストについての理解が進むというところは、大いに評価すべき点であろう。なお、紙面の都合上、全部は紹介しないが、「KH Coder」には、「R」によるグラフ描画機能が組み込まれており、様々な観点からテキストを分析できる。

5.2.　語句の抽出：指標作成

　テキストマイニングでは、使用頻度をもとに語の重要度を評価する。この考え方においては、高頻度のものは、重要なものということが大前提になる。
　表3では、「KH Coder」で『みんなの日本語』のデータを解析した上で、「抽出語リスト」オプションの結果に基づいて、上位10位までの語を示している。機能語や基本動詞に属する語が上位に来ており、日本語の基礎をなす要素であることに異論はないであろう。
　頻度を重視する考え方、すなわち頻度主義のアプローチにおいては、出現頻度の集計方法に関しても様々な方法論が提案されている。例えば、テキストサイズが違うデータで、同一の語句の頻度を比較する場合は、調整頻度というものを用いる。例えば、実際の出現頻度とコーパスの全体サイズをもとに、100万語あたりの頻度 (per million word：PMW)[2] にして、相互比較をするといったことがよくなされる。
　さて、重要語抽出におけるもう1つの考え方を紹介する。まず、文章研究の観点から、特定のテキストを特徴づけるキーワードのようなものを抽出し

[表3]『みんなの日本語』における高頻度語

抽出語	品詞	出現回数
に	格助詞	322
を	格助詞	294
が	格助詞	254
する	動詞	221
で	格助詞	134
ん	否定助動詞	128
ミラー	人名	116
ある	動詞	107
いる	動詞	106
行く	動詞	96

ようとした場合、表3のような単純な集計ではうまくいかないという問題がある。いわゆる「たくさん使われている語＝キーワード」という考え方をした場合、どのテキストでも、頻度上位は助詞のような機能語になってしまうという問題である。この課題を解決するためTF-IDFという指標が提案されている。TFとは、「Term Frequency」、すなわち、単語の出現頻度のことである。IDFとは、「Inverse Document Frequency」の頭文字をとったもので、ある語がいくつのテキストに出現しているかを示す指標である。IDFの計算式は、「log（テキストの総数／語を含むテキスト数）」で計算し、TF-IDFは、TF値とIDF値を掛け算して算出する。例えば、「食べる」「飲む」「できる」という動詞を4つのテキストで調べた結果、表5の頻度になったと仮定し、TF-IDF値を計算してみよう。

[表4] 頻度とTF-IDF値

抽出語		テキスト1	テキスト2	テキスト3	テキスト4
食べる	頻度	0	6	3	4
	TF-IDF	0	0.750	0.375	0.500
飲む	頻度	0	3	0	6
	TF-IDF	0	0.903	0	1.806
できる	頻度	0	0	0	8
	TF-IDF	0	0	0	4.816

TF-IDFが特徴づける性質というのは、「食べる」のようにどのテキストに出現する語と「できる (TF-IDF=8×LOG(4/1))」のように特定のテキストにおいてのみ頻出する語である。これは語がもつ重みをテキスト単位で捉えることを意図した指標であり、古典的な意味のキーワードの考え方を情報工学的に実装したものであるといえる。

5.3. 語句の抽出：語句の連結

授業担当者が学習者にとって難しい語句や重要と思われる語句を予め抽出し、資料化する作業は、言語教育の場では日常的に行われるタスクである。前節で、紹介したTF-IDFの指標を使うのも、重要な語句を抽出するタスクにおいて有効であるが、本節では、語レベルを超えた単位で表現を抽出する手法について紹介する。

形態素解析は、大量のテキストを語の単位に分割してくれるツールとして活用されているが、過度な分割により、語が本来、もっている内容語としての意味が失われるということが指摘されてきている[3]。特に専門語抽出タスクでは、語を分割することによって、専門語としての性質は保持されなくなる。こうした課題を改善する方法として、前述のn-gramを形態素解析の結果に対して適用する。具体例を示す。

本書の10章の全文テキストをMeCabとUniDicで解析し、最頻出の名詞を調べたところ、表5の結果になった。

表5は、抽象度のたかい語のリストとしては、意味があるが、具体的な意味の単位という観点からみた場合、十分ではない。そこで、n-gramの手法を用いて語と語を結合させ、集計してみたところ、表6の結果になった。

表6の左が2gram、すなわち2つの形態素（日本＋語）を結合させた場合の結果で、その隣の3gramは3つの形態素（日本＋語＋教

[表5] 形態素の集計

形態素	頻度
語	97
リーダビリティ	81
事	78
コーパス	72
文章	66
難易	51
データ	41
テキスト	37
文	34
表	32

育）、4gram は 4 つの形態素（文章 + の + 難易 + 度）、5gram は 5 つの形態素（旧 + 日本 + 語 + 能力 + 試験）を結合させた場合の結果である。意味の具体性という観点から表 6 を捉えた場合、左から右に行くにつれ、具体度が上がっていく実態が確認できる。ただし、n が増えるにつれて、個々の項目の出現頻度が下がっていくとともに、意味のない項目も増えていき、ノイズを除去する手間も増えていくことに注意が必要である。

[表6] *n*-gram の集計

2gram	頻度	3gram	頻度	4gram	頻度	5gram	頻度
日本語	93	日本語教育	29	文章の難易度	13	旧日本語能力試験	11
難易度	50	やさしい日本語	15	日本語能力試験	13	学習者にとって	8
リーダビリティ公式	26	日本語能力	13	文の長さ	8	教育のための リーダビリティ	6
文章の	22	教育のため	12	能力試験の読解	7	能力試験の 読解テキスト	5
上級前半	17	計量文体論	11	語彙や文法項目	6	文章難易度 判別システム	4
学習者	17	平均文長	10	試験の読解テキスト	5	日本語書き言葉 均衡コーパス	4
リーダビリティ研究	17	重回帰分析	8	難易度を決定	5	文章の難易度に	3
能力試験	13	文章難易度	8	難易度の差	5	リーダビリティ 公式を作成する	3
中級前半	13	試験の読解	7	文章難易度判別	4	日本語教育の リーダビリティ	2
本研究	13	語彙や文法	6	日本語教科書	4	初級前半の文章例	2

5.4. 文章分類

　これまで紹介した手法は、主として、語レベルの情報抽出を目指すものであったが、テキストマイニングでは文章そのものを対象にした分類なども盛んに行われている。テキスト特徴分析というタスクであるが、テキストのパターンでもって、特徴的性質を捉え、テキスト間の類似・非類似を定量的に分析し、グループ化するというものである。こうしたタスクでは、テキスト

がもつ長さや語種や品詞の分布特性、さらには、語彙の使われ方などの多様な属性を定量的に分析し、それぞれの変量に対して重みを与え、文章をまとめあげる。

　文章分類で、重要になるのは、①どのような変量を使用するか、②どのような分類アルゴリズムを使用するかである。まず、①においては、テキストの類似度（と非類似度）をうまく表現できる変量がよいとされる。伝統的には、表1で紹介した平均文長のほかに、日本語の場合は、語種の割合、文字種の比率などが有効とされている。英語では、単語の平均的な長さなどの情報も有効とされている。さらに、言語教育の分野では語彙難易度などを変量として使用し、学習者にとって難しいテキストと易しいテキストを分けるというやり方もよく行われている。

　次に、②の分類アルゴリズムに関しては、様々な手法が提案されている。クラスター分析、判別分析、多次元尺度構成法、決定木分析、さらにはニューラル・ネットワークモデル、自己組織化マップ、サポートベクトルマシンなど目的に応じて選択的に利用する。分析方法の詳細は、豊田（編著）(2008) を参照してほしい。なお、ニューラル・ネットワーク、自己組織化マップ、サポートベクトルマシンの場合、モデルが何らかの学習を行い、それに基づいて最適な分類を行うものであるが、分類結果としては高精度であるが、機械が何をどう学習したのかが不透明なため、それを問題視する意見もあるので注意が必要である。

6.　テキストマイニングから言語教育へ

　応用言語学におけるテキストマイニングの活用として、まず考えられるのは教材教具論のデータ分析である。当然のことであるが、すべての教材には、作成者がどんな言語能力を育成するのか、という観点から言語的素材が選択され、全体のレッスンが構成される。こうした作成者の意図をテキストマイニングの方法で分析することができる。

　日本語教材に対する分析例を示す。図4で使用した『みんなの日本語』（スリーエーネットワーク）と『SFJ（Situational Functional Japanese）』（凡人社）を使う。この2つの教科書は、文法重視か、会話重視か、という点で異なった作成意図に

基づいて作成された教科書である。『みんなの日本語』の場合、文法項目を丁寧に取り上げ、文法能力が積み上がっていくことを目的に作られた教科書である。一方、『SFJ』の場合、会話からレッスンがスタートし、実際のコミュニケーションタスクを使った練習課題が豊富に掲載された教科書である。従って、『みんなの日本語』は文法能力重視のテキスト、『SFJ』は運用能力重視のテキストということになる。この違いを明らかにするため、格助詞、終助詞、感動詞の分布について調査した。

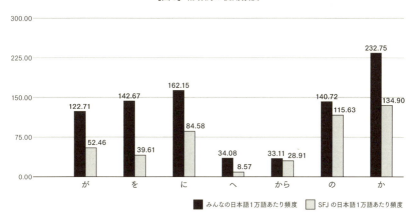

[図6] 格助詞の使用頻度

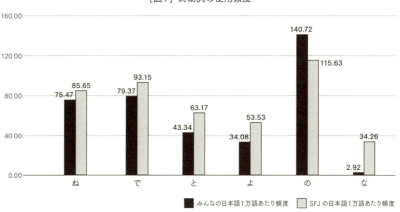

[図7] 終助詞の使用頻度

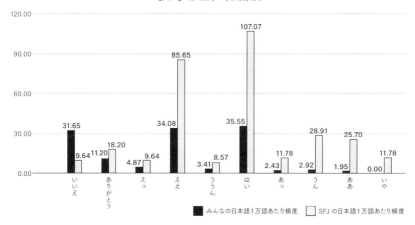

[図8] 感動詞の使用頻度

■ みんなの日本語1万語あたり頻度　□ SFJの日本語1万語あたり頻度

　図6〜8では、格助詞、終助詞、感動詞について、『みんなの日本語』と『SFJ』の1万語あたりの使用頻度を示している。図6に注目した場合、「の」を除くすべての格助詞において共通する性質として、『みんなの日本語』では、『SFJ』の倍以上の差で、格助詞が使用されていることがわかる。特に「を」においては、3倍以上の差がみられる。その理由を示す事例として①が挙げられる。

① 　ⓐこれをください。
　　　ⓑはがき5まいください。

　①-ⓐは『みんなの日本語』における「を」の初出例（第3課）である。これを踏まえ、『SFJ』で「ください」という表現の初出例を調べてみたところ、①-ⓑの表現が使用されていた。つまり、「〜ください」という表現の提示に関して『SFJ』では「を」が省略された形を提示しているのに対して、『みんなの日本語』では「を」との共起でもって、「ください」という表現を提示している。実際のコミュニケーション上の使用例という意味では、いうまでもなく①-ⓑが自然な例であり、運用重視という意味では、省略形のまま提示するのが適切であるが、文法構造を理解させるという意味では、①-ⓐが適

切といえよう。

　『SFJ』におけるコミュニケーション重視の考え方は、図7や図8においても確認できる。図7は「終助詞」の使用頻度に注目した場合、「の」以外のすべての項目に関して、『SFJ』のほうがよく使われているという結果になっている。特に「な」に関して、いえば『SFJ』では、3課で「ぼくもあとでコーヒーもらおうかな。」、5課で「困ったな。ちょっとわからないな。」などの事例が出現しているのに対して、『みんなの日本語』では20課で「どうしようかな」という表現が出ている。

　『SFJ』の運用重視の考え方は、図8の感動詞の使用頻度に関しても確認できる。『みんな日本語』では、「いいえ」と「ううん」の頻度に注目した場合、ほとんどの「いいえ」のみが使用されているのに対して、『SFJ』の場合、「いいえ」と「ううん」がほぼ同じ比率で使用されており、発話文脈次第で両者を使い分けることを狙っている。

　図6から図8の分析例は、形態素解析とそれに基づく品詞の使用率調査、調整頻度による集計、可視化による情報抽出を使えば、短時間で調査できるものである。目視でデータを読んでいくという方法に比べて、短時間で効率よく調査できるというメリットがある。

7.　おわりに

　本章では、テキストデータの統計的な分析というトピックのもとでテキストマイニングの方法論について紹介した。計量言語学からテキストマイニングへの移行を促進した要素として、ウェブの普及・進化にともない、大量のテキストデータを分析し、情報抽出をするという研究ニーズが出てきたことを指摘した。次に、テキストマイニングを始めるために必要な要素や実際の作業手順と分析手法を紹介した。最後に、テキストマイニングの言語教育への応用例として、教材分析の事例を紹介した。

　テキストマイニングは90年代からはじまり、2000年代に入って本格的な研究がなされてきた領域であり、分析モデルに関しては、ほぼ完成形に近いものが提案されている。一方、言語教育への応用という意味では、量的にも質的にもまだ十分とはいえず、今後の研究が期待される。

●さらに勉強したい人のために

1　金明哲（2009）『テキストデータの統計科学入門』岩波書店
　　全16章において、テキストデータの分析に関する手法を紹介している。テキストマイニングの
　　理論と実践の両面から、手法の紹介を行っており、統計プログラム「R」を使った実際の操作
　　や分析手法の数理的な基礎についても解説されている。

2　石田基広・金明哲（編）(2012)『コーパスとテキストマイニング』共立出版
　　金融、医療、社会調査、文学、政治、心理学、言語など、多岐にわたる専門家がテキストマイ
　　ニングを用いた調査分析の実例を論文化しており、テキストマイニングの拡張性や応用可能性
　　を理解する上で役に立つ。

3　計量国語学会（編）(2017)『データで学ぶ日本語学入門』朝倉書店
　　日本の計量国語学の60周年記念事業の1つとして編集された書籍で、日本語学における研究領
　　域を一通り、カバーする形で、計量的な分析方法について解説している。全10章と2つの付録
　　で構成されており音声・音韻、文字・表記、語彙、文法・意味、文章・文体、社会言語学、方
　　言、日本語史、日本語教育、日本語処理についての本編に加え、「ことばの統計学入門」、「コン
　　ピュータは日本語をどう扱うのか」の付録が入っている。日本語学における計量的分析を網羅
　　的に理解するのに役立つ一冊である。

注

1　n-gramとは、長さnをもつ文字列または単語列などの記号列である。文字や単語の出現は直前
　　の文字列または単語に影響されるということに着目した言語モデルである（言語処理学会（編）
　　(2009:122-124)）。

2　100万語あたりの頻度の計算方法は、実際の使用頻度に対して、100万／総語数を掛けることで
　　計算する。テキストの全体サイズが、200万語のデータで、特定の語tの使用頻度が500だった
　　場合、「1,000,000/2,000,000 × 500=250」になる。なお、コーパスサイズが100万語を下回る場
　　合は、実際の頻度よりも跳ね上がることがあるので、注意が必要である。

3　形態素に分割するのが目的であるため、意味を担う最小の単位という意味では、今の形態素解
　　析は、本来の目的は達成しているとみるべきであり、形態素解析自体は、間違っていないと考
　　える。

参考文献

金明哲（2009）『テキストデータの統計科学入門』岩波書店
計量国語学会（2009）『計量国語学事典』朝倉書店
言語処理学会（編）(2009)「n-gram」『言語処理学事典』pp.122-124. 共立出版
陳志文（2012）『現代日本語の計量文体論』くろしお出版
豊田秀樹（編著）(2008)『データマイニング入門』東京図書
前川守(1995)『1000万人のコンピュータ科学〈3〉文学編 文章を科学する』岩波書店
李在鎬・石川慎一郎・砂川有里子（2012）『日本語教育のためのコーパス調査入門』くろしお出版

5 文章の計量的分析ツール 「KH Coder」
言語学的な分析のための設定と操作

樋口耕一

概要

　本章では、「計量テキスト分析」という方法を実現するために筆者が開発・公開しているソフトウェア「KH Coder」を扱う。第1に、KH Coderがもつ主な機能について説明するとともに、計量テキスト分析の考え方を具体的な分析例とともに紹介する。KH Coderはもともと言語研究の分野ではなく、社会学・社会調査という異なる背景の中で開発されているので、活用のためには全体像と考え方を把握しておくことが有用であろう。第2に、計量テキスト分析の考え方にもとづくソフトウェアを、言語学的な分析に用いるためのカスタマイズについて紹介する。例えば、そのままの設定では、KH Coderは助詞・助動詞のような機能語を無視して内容語だけを分析に用いる。この設定を変更して機能語を分析の対象にしたり、形態素解析の結果を人手で修正する方法などを紹介する。

1. はじめに

　KH Coderとは文章データを統計的に分析する方法「計量テキスト分析」を実現するために開発・公開したソフトウェアである (樋口 2014)。KH Coderを利用するにあたっては、もともとの開発の意図と、ソフトウェアの全体像を把握しておくことが有用であろう。そうした理解があれば「こんな機能がきっとあるはず」「この機能はないだろう」といった推測をしやすくなるし、複数の機能を組み合わせて自分の目的を達成する道筋を思い描きやすくなる

だろう。また、各機能の詳細を知るためにマニュアルに当たるときにも、マニュアルの記載を理解しやすくなるだろう。

　そこで本章ではKH Coderの機能を①語とコードの取り出しと②取り出した語とコードの利用という2つの面から紹介する。また、これらの機能を用いた計量テキスト分析の具体例として『赤毛のアン』の分析結果を示す。その上で、KH Coderを言語研究の分野で利用するために必要と考えられる設定変更の手順を紹介する。

1.1.　計量テキスト分析のための環境「KH Coder」の主要な機能

1.1.1.　語とコードの取り出し

　2001年にKH Coderを公開した当初は日本語テキストしか分析できなかったが、現在では日本語・英語はもちろん、韓国語・中国語・イタリア語・カタロニア語・スペイン語・スロヴェニア語・ドイツ語・フランス語・ポルトガル語・ロシア語データの分析に対応している。基本的には分析を始めるときに言語を指定するだけで (図1)、各国語のデータを分析できる。いずれの言語のデータであっても平テキストを入力すると、KH Coderが形態素解析 (▶

[図1] 分析開始時にデータの言語を指定

（6章3節）によってデータ中から自動的に語を取り出して、品詞名を判定する。また、活用をもつ語については基本形に直して取り出す[1]。このためKH Coderが自動的に作成する抽出語リストでは、基本形に直した状態でそれぞれの語の出現回数がカウントされている。例えば図2では「見える」が87回出現しているが、その内訳は連用形の「見え」が56回、基本形の「見える」が17回、未然形の「見え」が14回となっている。なお日本語の場合には、茶筌またはMeCabによってこうした抽出を行うが、茶筌やMeCabによる解析結果を手作業で修正したい場合もあるだろう。この方法については2.3節を参照されたい。

[図2] 抽出語検索とKWIC

平テキストから語を自動的に取り出すほかに、KH Coderにはコーディングという機能がある。例えば「「死ぬ」「殺す」「亡くなる」のいずれかの語があれば、その文に「人の死」というコードを付与する」といったルールにした

がって、コードを貼り付けていく作業がコーディングである。付与された
コードを数え上げることで、「人の死」がどの程度多くの文に出現していたか
を数えられるようになる。この機能によって、個々の語というよりも、いく
つもの種類の語で表現されるようなコンセプトを数えられるようになる。こ
のコーディング機能では、and・not・orなどの論理演算子や、特定の語が連
続して出現していることといった条件を組み合わせて、ある程度まで複雑な
ルールを指定できる。したがって、ルールを上手く作成できる場合には、こ
のコーディング機能を使って、言語学的な分析のためのアノテーションを行
うこともできるだろう。

1.1.2. 取り出した語やコードを対象として

KH Coderでは、語やコードを取り出した上で、それらを対象として次のよ
うな処理・分析を行うことができる。

Column

KWICとコンコーダンス分析

KWICとは、指定したキーワードをハイライトしつつ、前後文脈も同時に表示させる
文章列の提示方法で、「KeyWord In Context」の略記であり、「クイック」と読む。
KWIC形式は、コンピュータ上の情報検索における表示方式として広く利用されてお
り、インターネット検索においても検索結果を表示する方法として用いられている。
また、文章列の中央にキーワードを配置させ、その前後の語句を同時に表示させ、分
析していく方法をコンコーダンス分析という。

KH Coderにおいても、「ツール > 抽出語 > KWICコンコーダンス」という分析オプ
ションが用意されており、図2のような表示である。

KWIC形式を利用したコンコーダンス分析は、語の意味分析や語と語の共起関係を
特定するための基礎的、古典的分析手法である。コンコーダンス分析を行うためのプ
ログラムを総称してコンコーダンス・プログラムという。日本語のコンコーダンス・
プログラムは、商用のものからフリーのものまで多種多様であるが、基本的には検索
対象となるコーパスを選択し、特定のキーワードを入れ、検索を開始するという方法
がとられている。コーパス研究においてもキーワードの用法を瞬時に把握できるた
め、多くのコーパスツールにおいて標準的な表示方式として利用されている。

---

①多く出現したものを確認する

  （ア）　抽出語リスト［語］（表1、図6）

  （イ）　抽出語検索［語］（図2）

  （ウ）　コードの単純集計［コード］

②もとの文章中での使われ方を確認する

  （ア）　KWIC［語］（図2、図7、図8）

  （イ）　文書検索［語とコード］

③データがいくつかの部分に分かれている場合、各部分の特徴を探る

  （ア）　対応分析［語とコード］（図3）

  （イ）　関連語検索［語］

  （ウ）　クロス集計とバブルプロット［コード］

④共起関係を探り、よく一緒に使われるペアやグループをみつける

  （ア）　コロケーション統計［語］（図7）

  （イ）　関連語探索［語］

  （ウ）　共起ネットワーク［語とコード］（図4）

  （エ）　階層的クラスター分析［語とコード］

  （オ）　多次元尺度構成法［語とコード］

  （カ）　自己組織化マップ［語とコード］

⑤その他

  （ア）　指定された条件に一致する文だけを別ファイルに抽出

  （イ）　語の自動抽出の結果を手作業で修正（2.3節）

  （ウ）　「文書―抽出語」「文書―コード」行列をSAS・SPSS・Rなどの統計ソフトウェア向けに出力

  （エ）　分析対象とする品詞を変更する（2.1および2.2節）

  （オ）　多数のテキストファイルの内容を、KH Coderでの分析に適した単一のテキストファイルにまとめる（2.4節）

語だけを対象とした機能については［語］を、コードだけを対象とした機能については［コード］を、両方について実行できる機能については［語とコード］を付した。全機能を網羅してはいないが、主要な機能を列挙した。

1.1.3. 環境としてのソフトウェア

KH Coderでは既製ソフトウェアの機能を利用している部分も多い。例えば統計分析のためにRという統計ソフトウェアを、またデータの整理や検索のためにMySQLというデータベース管理ソフトウェアを、それぞれ内部で利用している。平テキストから語を取り出すためには茶筌・MeCab・Stanford POS Tagger・FreeLingのいずれかを用いる。これらのソフトウェアは広く利用されてきた実績があるので、処理の結果をある程度まで信頼できるだろう。さらにKH Coderを含めてこれらのソフトウェアはすべて、ソースコードが公開されている[2]。したがって処理の内容を誰でもチェックすることができるし、機能を修正したり、新機能を追加することもできる。

KH Coderのソースコードに当たらなくとも、Rのコマンドを編集すれば統計解析のオプションを自由に変更できる。また直接MySQLに命令を出せば、あらかじめKH Coderに機能が準備されていないような検索・集計を自由に行える。さらにKH Coderのプラグイン機構を使えば、わずかなPerlとRのコマンドを書くだけで、独自の統計解析機能を追加できる（石田ほか 2014）。

KH Coderにはマウス操作で容易に分析できる画面を準備している一方で、必要とあらば、以上のようにいかなるカスタマイズも可能である。お仕着せの分析しかできない既製品ではなく、利用者による創意工夫を発揮できる分析環境の製作を、開発目標の1つとしている。利用者の必要に迫られての工夫があってこそ、分析方法も発展していくものと考えるからである。

1.2. 計量テキスト分析とは：『赤毛のアン』原文の分析例

以上に述べてきたKH Coderの機能が、どのような分析を行うために開発されたのかを、具体的な計量テキスト分析の事例から示す。ここでは分析例として『赤毛のアン』の英語原文を扱ったものをHiguchi (2016、2017) から抜粋する。記載を大幅に簡略化しているので、この分析の内容についてより詳

[表1]『赤毛のアン』原文に頻出した上位30語

Words	Freq	Words	Freq	Words	Freq
ANNE	1138	little	283	want	149
say	952	girl	267	home	136
MARILLA	849	thing	260	child	134
think	486	tell	252	Barry	132
Diana	414	look	246	school	128
know	364	good	225	sit	126
Matthew	361	feel	215	night	117
just	358	time	208	really	116
come	353	eye	152	hair	114
make	286	Lynde	151	Gilbert	113

出典：Higuchi（2016）

しくはHiguchi（2016、2017）を参照されたい。

　小説『赤毛のアン』では、孤児のアンが、マシューとマリラの兄妹に引き取られ、成長していく様子が描かれている。この物語においては、養母マリラの果たした役割が非常に大きいという指摘がある（Doody 1997、川端 2008、松本 2008、山本 2008）。親友のダイアナや、アンとの淡いロマンスが描かれるギルバートよりも、マリラの方が中心的であったという（Doody 1997）。また『赤毛のアン』は、マリラが子供を愛することを学び、それによって自分自身も幸せになっていくという、大人の成熟と生き直しの物語であるといわれている（松本 2008）。

　以下の分析では、このようなマリラの重要性を、計量的分析からも読み取れるのかどうか確認することを試みた。

1.2.1.　頻出した語

　KH Coderに『赤毛のアン』英語原文のデータを登録すれば、自動的に抽出語リストを作成できる。このうち上位30語を表1に示す。表1の中で登場人物名をあらわす語には網掛けを加えた。登場人物名に注目すると、主人公の「アン（Anne）」がもっとも多く出現しているのは当然として、「マリラ（Marilla）」の出現数がアンに迫っている。マリラの出現数は、アンと同年代の親友「ダイアナ（Diana）」の倍以上に達しており、主人公以外の登場人物とし

[図3] 語と外部変数の対応分析

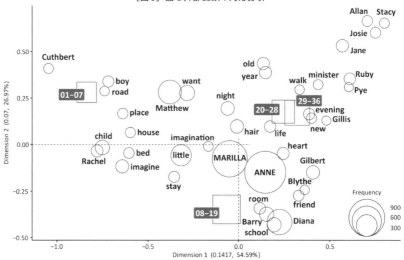

出典：Higuchi（2016）

ては格段に多い。出現数だけをみるならば、この物語におけるマリラの重要性は明白である。ここから先の分析では、より詳しくマリラの役割を調べる。

1.2.2.　各部分に特徴的な語

　次に物語を4つの部分に分けて、それぞれの部分に特徴的な語を調べるための対応分析を行った。各部分に特徴的な人物名や語を調べれば、ストーリーの流れをみてとることができるだろう。なお4つそれぞれの部分には「01-07」のような名前を付けており、この名前は『赤毛のアン』の第1章から第7章までを含むことをあらわしている。この対応分析についても、KH Coder上でのマウス操作によって容易に行える。

　対応分析では、どの部分にも偏りなく出現するという意味で特徴のない語が、原点（0,0）の近くに布置される。それに対して、例えば原点からみて「01-07」の方向に遠く離れている語は、「01-07」に特に多く出現していたと解釈できる。図3では、マリラとマシューの名字である「カスバート(Cuthbert)」がこれにあたる。このような見方で、各部分の特徴を以下に確認していく。

[図4] 主要な登場人物名と動詞の共起ネットワーク

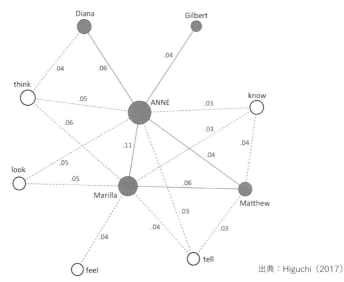

出典：Higuchi（2017）

　「01-07」では、本来は「男の子 (boy)」を引き取るはずが、手違いでアンが
やってきたことについて、「カスバート (Cuthbert)」家での顛末が描かれてい
る。次の「08-19」の部分では、親友の「バリー・ダイアナ (Barry Diana)」に出
会うとともに、「学校 (school)」に通い始める。その後「20-28」「29-36」で
は、牧師の妻である「アラン (Allan)」夫人や「ステイシー (Stacy)」先生といっ
た大人の女性との交流から、アンがものごとを学ぶ様子が描かれている。ま
た、ダイアナとは進路が分かれたこともあって、「ジョージー (Josie)」や
「ジェーン (Jane)」など、学校で出会った女の子が特徴的な存在となっている。
　全体としては、孤児アンがカスバート家に、次にバリー家に、そして学
校・教会を含む地域社会に受け入れられていくという形でストーリーが進ん
でいることを図3から読み取れる。マリラに関しては図3の原点付近にある
ので、特定の部分に偏らず、どの部分にも満遍なく出現していたようだ。

1.2.3.　主要な登場人物名と動詞との共起
　ここまでの分析でマリラは出現数が多く (表1)、しかも物語全体を通じて存
在感を示していることがわかった (図3)。次に、登場人物名と動詞との共起に

注目することで、マリラを含む主要な登場人物が、物語の中で何をしていたのかを探索した（図4）。

　図4の人物間のつながりに注目すると、ダイアナやギルバートについては、それぞれが個別にアンにつながっている。それに対してアン・マリラ・マシューの3人は3角形（triad）を形作っている。これは、アン・マリラ・マシューの3人が、お互いにつながりをもったひとまとまりのグループ、すなわち家族として描かれていたためであろう。

　次に図4の中でマリラと共起している動詞に注目すると、「感じる（feel）」がマリラとのみ強く共起している。主人公のアンよりもマリラの方が「感じる」との関連が強いという結果であり、この結果は意外に感じられるかもしれない。ただしこれは、アンよりもマリラの感情に焦点があたっていたためとは、必ずしもいえない。マリラが何かを「感じた」という記述も確かに多いのだが、例えば「I do feel dreadfully sad, Marilla」（21章）というように、アンの言葉にも「感じる（feel）」が多く出現するためだ。つまりマリラ自身の感情に加えて、アンがマリラに自分の感情を伝える様子が多く描かれている。

　また図4では、「look」という動詞がマリラとアンの2人とのみ強く共起している。そこで「Marilla」「Anne」「look」を含む文を検索してみると、マリラとアンがお互いに向けるまなざしのありようが多く描かれていた。例えば30章の序盤では、マリラが薄暗がりの中で、明るいところでは見せないような優しいまなざしをアンに向ける様子が描かれている。「Marilla looked at her with a tenderness that would never have been suffered to reveal itself in any clearer light than that soft mingling of fireshine and shadow」という記述である。またアンも言葉だけでなく、熱心に顔を見上げる「looked up earnestly into her face」というまなざしの動きで感謝の気持ちをマリラに伝える。

　これらの点からマリラとアンの間には、言葉だけでなくまなざしで感情を表現し、伝え合うような、親密で濃い関係が描かれていたことを読み取れる。物語の中でマリラが果たした役割の重要性を確認できる分析結果といえよう。

1.2.4.　分析例のまとめ

　ここでは省略するが、さらに別の計量的分析の結果から、マリラとアンとの間の豊かな関係が、物語全体を通じて徐々に形成されていたことが示唆さ

れた。マリラは当初ぶっきらぼうに見えるほどであったが、徐々にアンへの愛情を明確にあらわすように変化していた。以上の分析結果は、物語がマリラの変化とともに展開しているという先行研究の指摘を裏付けるものである。なお、ここに抜粋した計量的分析から示唆されたキーワードの中で、特に重要なものは「feel」と「look」であった。こうしたキーワードを計量的分析から発見できたことは、小説中から、マリラとアンの関係を端的にあらわす描写を探し出すための大きな助けとなった (Higuchi 2016、2017)。

1.3.　計量テキスト分析の特徴：内容への注目

　『赤毛のアン』の分析結果のうち、表1と図3についてはKH Coderによってなかば自動的に作成されたものである。自動的に作成されるので、誰が分析を行っても同じ結果が得られる。こうして得られた結果は、分析者と第三者とが共有できる資料としての性格をもつものである。

　それに対して図4は、コーディング機能を利用して、分析者が関心をもつ一部の語に焦点をあてている。自動処理だけでは、分析者の問題関心に答えられないことも考えられ、その場合にはデータ中の特定の部分に注目することが有効である。分析の最初の段階では自動処理でデータの全体像を探索し、次の段階では分析者の観点を活かした分析へと必要に応じて進んでいく。

　分析者がデータを読みながら引用と解釈だけを行う場合に比べて、このような計量的分析を行えば、データ探索の助けとなるだろう。データ探索の1つの側面は、データの全体像を得られることである。機械的に数え上げることで、例えば「思っていたよりマリラの出現回数が多い」ということに気がつくかもしれない。あるいは対応分析で小説全体におけるテーマや登場人物の移り変わりを確認できる。次にデータ中から、特徴的な部分、あるいは人間が詳しくみるべき重要な部分がどこかをみつけられることも、データ探索のもう1つの重要な側面である。例えば、マリラと「感じる (feel)」の関連が特徴的であることが計量的分析から分かれば、これらの語を検索してもとの文章をみてみればよい。以上のようにデータ探索に役立つことに加えて、計量的分析は、もちろん分析の信頼性向上にも寄与しうる。

　こうした分析を行うためのKH Coderの機能は、当初想定した社会調査な

いし社会学だけでなく、多くの分野で活用しうると考えられる。しかし言語学的な分析に関しては一部問題もあるだろう。というのは表1・図3ともに内容語で占められており、機能語がほとんど登場していない。『赤毛のアン』の分析例のように、もともと文章の内容を分析することを考えてKH Coderを開発したので、そのままの設定では内容語に注目する仕様となっている。この設定を変更して、機能語についても分析を行う方法について、節を改めて紹介する。

2. 言語学的な分析のために

2.1. 「その他」品詞を分析に含める

KH Coder は、デフォルトの設定では、動詞・名詞のような内容語だけを分析対象として扱う。その際、助詞・助動詞・記号などの機能語は「その他」

[図6] 抽出語リスト上位15語の変化

ⓐ設定前

	抽出語	品詞	出現回数
2	する	動詞B	1742
3	ない	否定助動詞	1398
4	いう	動詞B	685
5	先生	名詞	597
6	なる	動詞B	525
7	ある	動詞B	469
8	K	タグ	411
9	奥さん	名詞	388
10	ない	形容詞B	382
11	ん	否定助動詞	376
12	思う	動詞	296
13	父	名詞C	269
14	自分	名詞	264
15	見る	動詞	225
16	いる	動詞B	222

ⓑ設定後1

	抽出語	品詞	出現回数
2	の	その他	5811
3	た	その他	5495
4	。	その他	4656
5	は	その他	4135
6	に	その他	4058
7	、	その他	3649
8	て	その他	3389
9	を	その他	3209
10	私	その他	2696
11	だ	その他	2228
12	が	その他	2180
13	と	その他	2174
14	する	動詞B	1742
15	ます	その他	1654
16	です	その他	1595

ⓒ設定後2

	抽出語	品詞	出現回数
2	た	助動詞	5495
3	。	その他	4656
4	は	係助詞	4136
5	の	助詞	3831
6	、	その他	3649
7	に	格助詞	3386
8	て	接続助詞	3382
9	を	格助詞	3209
10	私	その他	2696
11	だ	助動詞	2224
12	が	格助詞	1923
13	する	動詞B	1734
14	ます	助動詞	1654
15	です	助動詞	1595
16	の	その他	1497

という品詞名をKH Coder上で付与し、この「その他」品詞は分析に含めないという処理を行っている。そのため、「その他」品詞を分析に含めるよう設定するだけで、ある程度までは機能語を対象とした分析を行えるようになる。

　「その他」品詞を分析に含めるための設定を図5に示す。この設定についてはマウス操作だけで手軽に行うことができる。この設定によって、KH Coderが作成する抽出語リストの上位15語は図6ⓑのように変化する。助詞・助動詞や記号が分析対象に入るようになったことがみてとれるだろう。さらに次の項で紹介する品詞体系の編集まで行った場合は図6ⓒのように変化する。ⓒでは品詞名が詳しくなっただけでなく、同じ「の」でも格助詞とそうでない助詞に分けるといった処理によって数値も若干変わっている。なおここで用いたデータはKH Coderに付属のチュートリアル、漱石「こころ」である。

　なお図6のⓐ設定前の状態をみると「動詞B」や「名詞C」のような品詞名がある。動詞・名詞・形容詞・副詞については、ひらがなだけからなる語を「動詞B」のように「B」を付した品詞名に分類している。これは、ひらがなだけからなる語については、どのような文章の中でも出現するような一般的な語が多く、文章の内容を反映しないことが多いためである。そうした語をまとめて分析から省けるように「B」を付した品詞名を与えている。一方で「ない」のような否定をあらわす助動詞については、文章の内容に大きく影響する場合があるので、もともと「その他」品詞とせずに分析対象に含めてい

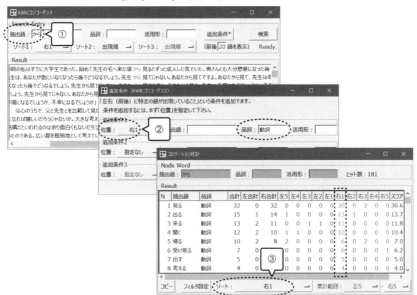

る。最後に「名詞C」については、漢字1文字の名詞にこの品詞名を与えている。これは、以前から利用されている計量テキスト分析用のソフトウェアに合わせた、歴史的事情にもとづく仕様である。

　図5の設定によって、機能語は抽出語リスト（図6）に含まれるようになっただけでなく、ほかのあらゆる分析や検索の対象となっている。例えば対応分析やクラスター分析のような多変量解析の対象となっているし、KWICで検索することもできる。

　例えば図7に示すように、助詞「から」の直後に出現することが多い動詞を検索できる。図7では、まず①の操作によってKWICで検索する語として「から」を指定している。その上で②「追加条件」として、「から」の直後（右1）に「動詞」があることという条件を指定している。これで「から」の直後に動詞が出現している箇所をKWIC検索できる。さらにKH Coderのコロケーション統計はKWICと連動しているので、以上の条件で「から」の前後に多く出現した語がコロケーション統計の画面に表示されている。この画面

[表2] 品詞設定ファイルの内容（抜粋）

HINSHI_ID	KH_HINSHI	CONDITION1	CONDITION2
14	形容詞	形容詞	
19	副詞B	副詞	ひらがな
15	副詞	副詞	
51	格助詞	助詞-格助詞-一般	
52	接続助詞	助詞-接続助詞	

で、③「から」の直後 (右1) にあらわれた回数が多い順にソートすると、「見る」30回「出る」13回といった語が多かったようだ。

　図7に示したようにKH CoderのKWIC機能では、抽出語を入力しなくとも、品詞や活用形だけを検索条件として指定できる。また追加条件として、前後にどんな語があったか、どんな品詞・活用形の語があったかという条件を3つまで指定できる。こうした条件を組み合わせれば、工夫次第で様々なKWIC検索を行い、多様なコロケーション統計を得られるだろう。

2.2.　品詞体系を編集する

　「その他」品詞を分析や検索の対象に含めることで、図7のような検索を行えるようになった。しかし図7で検索した「から」には、実は格助詞「から」と接続助詞「から」の両方が含まれている。どちらもKH Coder上では「その他」という品詞名が与えられているので、前項の段階では、格助詞だけを検索したり接続助詞だけを検索したりすることはできなかった。

　格助詞と接続助詞を区別できるようにするためには、KH Coderの品詞体系を編集して、「その他」ではなく「格助詞」「接続助詞」といった品詞名を語に与える必要がある。そのためにはKH Coderの設定ファイルをテキストエディタで編集すればよい。KH Coderのフォルダ内には「config」というフォルダがあり、その中に「hinshi_chasen」という設定ファイルがある。このファイルの内容はコンマで区切られており、分かりやすいように表の形式にすると表2のようになる。

　この設定ファイルの末尾に、表2の最後の2行分を加えれば、KH Coder上

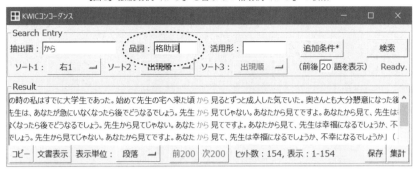

で「格助詞」「接続助詞」などの品詞名を扱えるようになる。具体的には「51，格助詞，助詞−格助詞−一般」および「52，接続助詞，助詞−接続助詞」という2行をファイル末尾に加えればよい。「HINSHI_ID」の列には、その品詞に固有の番号を割り当てる。また「KH_HINSHI」の列にはKH Coder上での品詞名を入力する。最後に「CONDITION1」の列で、その品詞名を割り当てる条件を設定する。茶筌の品詞名がこの列に入力した文字列で始まっていれば、その語には、「KH_HINSHI」列に入力した品詞名が与えられる。このようなKH Coderの品詞体系の設定についてさらに詳しくは付属のマニュアルを参照されたい。

設定ファイルを変更した後、KH Coder上で「前処理」を再度実行すれば、品詞体系の変更が反映される。これによって、図8に示すような格助詞「から」の検索を行えるようになる。

なお設定ファイル (表2) の中で、「名詞B」「名詞C」「動詞B」などで始まる行を削除してしまえば、ひらがなと漢字の区別なしに、すべての名詞に「名詞」という品詞名が与えられるようになる。動詞・形容詞なども同様である。ひらがなだけの語を区別して扱う必要がない場合には、このように品詞体系を簡略化するのもよいだろう。

2.3. 形態素解析の結果を手作業で修正する

前項の操作によって、KH Coder上で格助詞の「から」と接続助詞の「か

ら」を区別できるようになった。ただし、データ中に含まれる「から」が格助詞なのか接続助詞なのかという判断は、形態素解析ソフトウェアによって自動的に行われる。この判断が常に正しいとは限らない。

KH Coderで日本語を分析する場合は、形態素解析に茶筌だけでなくMeCabを利用することができる。MeCabを利用する場合にはIPADicのほかにも、利用条件との折り合いがつけばUniDicや近代文語UniDic、中古和文

［図9］形態素解析の結果

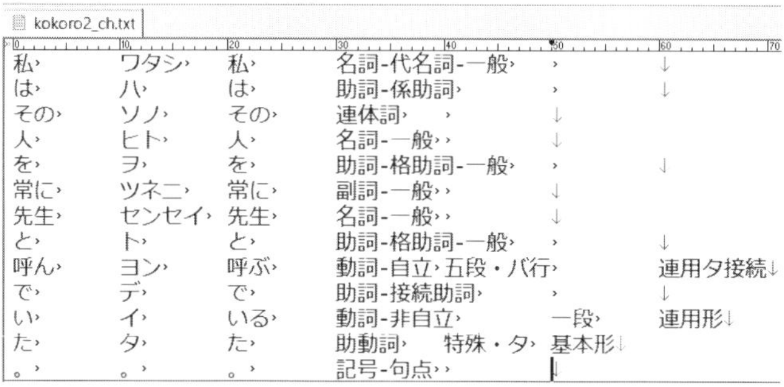
kokoro2_ch.txt

私	ワタシ	私	名詞-代名詞-一般		
は	ハ	は	助詞-係助詞		
その	ソノ	その	連体詞		
人	ヒト	人	名詞-一般		
を	ヲ	を	助詞-格助詞-一般		
常に	ツネニ	常に	副詞-一般		
先生	センセイ	先生	名詞-一般		
と	ト	と	助詞-格助詞-一般		
呼ん	ヨン	呼ぶ	動詞-自立	五段・バ行	連用タ接続
で	デ	で	助詞-接続助詞		
い	イ	いる	動詞-非自立	一段	連用形
た	タ	た	助動詞	特殊・タ	基本形
。	。	。	記号-句点		

UniDicを使用することも可能である。ただし、どの形態素解析器を用いても、どの辞書を用いても、一定以上のデータ量がある場合には100%正しい解析が行われるとは限らない。

図8に示したような検索を行ったところ、与えられた品詞名に誤りが見つかったので修正したいという場合もあるだろう。やみくもに100%の解析精度を目指すのは、時間と労力の消耗が大きすぎる。しかし、研究の焦点があたっているような一部の重要な語について、品詞の判定を手作業で修正して精度を高めることには、意味があるかもしれない。

このためには、以下の手順で茶筌による解析結果を修正すればよい。分析対象ファイルと同じ場所に、KH Coderが作成した「coder_data」というフォルダがある。このフォルダの中に「分析対象ファイル名_ch.txt」という名前のファイルがあり[3]、この中に茶筌の解析結果が保存されている。このファイルをテキストエディタで開くと、テキストエディタの種類や設定によって若干の違いがあるが、おおむね図9のように表示される。このファイルを修正

すれば、茶筌による解析の結果を修正することができる。ただし、ファイルを修正した後に、KH Coderのメニューから「ツール」「プラグイン」「入出力」「形態素解析の結果を再読込」とたどる必要がある。

　もしも仮に、図9の1行目にある「私」の品詞を「名詞–代名詞–一般」から「副詞–一般」に変更すれば、この部分の「私」は副詞という扱いになる。また品詞の分類に限らず、語の区切り方についても修正を加えることができる。語の区切り方を変えて、例えば「その」と「人」の2語を「その人」という1つの語として扱うことにすると、このファイルの行数が変わることになるが、特に問題は生じない。実のところ、このファイルの内容を1から手で入力していけば、手作業で形態素解析を行うことも可能である。ただしKH Coderの「前処理」を不用意に実行するとこのファイルは上書きされてしまうので、頻繁にバックアップを作成するよう注意されたい。

2.4.　多数のテキストファイルをKH Coder向けに1ファイルにまとめる

　KH Coderで分析を行うためには、分析するすべてのテキストが単一のテキストファイルないしはExcelファイルの中にまとめられていなければならない。しかし研究分野によっては、比較的サイズが小さい多数のテキストファイルの中に、データを分割して保存している場合も多いようである。そこで、そうしたデータをKH Coderでの分析に適した1つのテキストファイルにまとめる機能を準備した。

[図10] 多数のテキストファイルの内容をまとめる

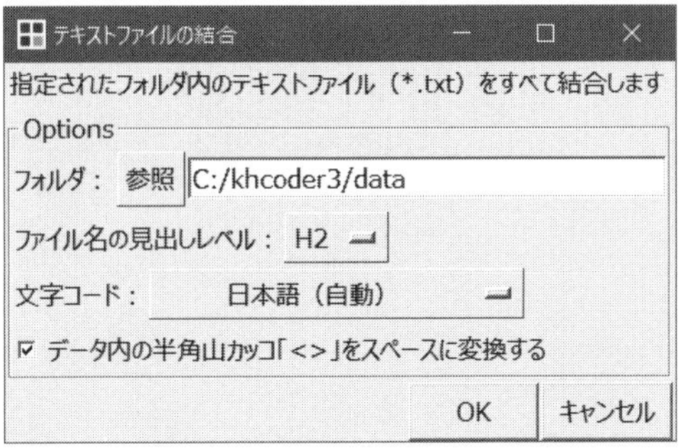

この機能を使うためには、1つにまとめたいテキストファイルを、すべて同じフォルダに入れておく。その上でKH Coderのメニューから「ツール」「プラグイン」「データ準備」「テキストファイルの結合」とたどると、図10の画面が開く。あとは「参照」ボタンをクリックして、1つにまとめたいテキストファイル群を入れたフォルダを指定して、「OK」をクリックすれば完了である。

　1つのファイルにまとめるといっても、もともとのファイル名が「<H2>ファイル名</H2>」というような形の見出しとして入力される。この見出しのおかげで、1つのファイルに結合してしまっても、KH Coderは各ファイルの内容を別々の「文書」として扱える。より正確には、H2見出しで区切られているので、「H2単位の文書」と認識される。例えばKH Coderはそれぞれの語の数や、特定の条件に合致する文・段落の数を、「H2単位の文書」ごとに集計できる。こうした集計によって、それぞれの「H2単位の文書」の違いを統計的にみることができる。あるいは、同じ「H2単位の文書」内に共起する傾向が強い語の組み合わせを、共起ネットワークの形に示すといったことも行える。

3.　おわりに：まとめと展望

　日本語に関しても『現代日本語書き言葉均衡コーパス』のような形態論情報付きのコーパスが整備され、研究者の利用に供されていることは素晴らしい進歩である。その一方で、独自のコーパス調査を行い、独自データを対象にKWIC検索を行い、コロケーション統計を得たいという研究上の要請も、依然として少なくないと考えられる。結果を均衡コーパスと比較できるようになったことで、独自データの分析がむしろ活発になることも考えられる。この章で紹介した手順を上手く用いれば、大幅に労力を軽減しつつ、そうした研究に取り組めるだろう。あるいは、特定の条件に合致する文だけを取り出すといった、本格的な分析のための準備にもKH Coderは役立つのではないかと考えている。

●さらに勉強したい人のために

1 Krippendorff, Klaus. (2013) *Content Analysis : An Introduction to its Methodology,* 3rd ed. Sage.
   社会学、心理学、政治学、教育学といった社会科学の諸分野において、文章・映像・音声・画像といった数値化されていないデータを分析するために多用されている方法が内容分析（content analysis）である。本章で紹介した計量テキスト分析も、内容分析を行うための1手法として提案されている。この内容分析についての定番のテキストが本書である。古い版であれば和訳も刊行されている（Krippendorff 1980=1989）。

2 樋口耕一（2014）『社会調査のための計量テキスト分析』ナカニシヤ出版
   本章で紹介した計量テキスト分析とKH Coderについて詳しく扱った書籍である。分析の考え方、KH Coderの主な機能、有効性の検証、応用事例、社会調査分野での活用の展望などをまとめたほか、KH Coderのチュートリアル・マニュアルも収録している。博士論文を刊行した書籍であるため、必ずしも入門的ではないが、無駄に難解な記述は避けるよう努めている。

注

1 ただしオランダ語データに関しては、品詞の判定ができず、基本形に直すこともできない。単純に語尾を切り落とすStemming処理となる。なおKH Coderでは形態素解析によって得られる形態素を「語」と呼んでいる。ユーザーの指定によって複合語を取り出すこともできるが、ほとんどの「語」は形態素そのものである。

2 ソースコードとは、人間が処理内容を確認したり、編集したりしやすい状態のソフトウェアのことである。通常の商用ソフトウェアでは秘匿されていることが多い。

3 このファイル名・フォルダ名はバージョン3.Alpha.09で変更された。前処理の完了時に、コンソール画面に「Morpho file: ○○」という形で変更後のファイル名・フォルダ名が表示されるので、このファイルを編集すればよい。

参考文献

石田基広・神田善伸・樋口耕一・永井達大・鈴木了太（2014）『Rのパッケージおよびツールの作成と応用』共立出版

川端有子（2008）「マリラ・カスバートの驚き」桂宥子・白井澄子（編）『もっと知りたい名作の世界⑩赤毛のアン』pp.109–119. ミネルヴァ書房

樋口耕一（2014）『社会調査のための計量テキスト分析―内容分析の継承と発展を目指して』ナカニシヤ出版

松本侑子（2008）『赤毛のアンへの旅―秘められた愛と謎』日本放送出版協会

山本史郎（2008）『東大の教室で「赤毛のアン」を読む―英文学を遊ぶ9章』東京大学出版会

Doody, Margaret Anne. (1997) "Introduction," Wendy E. Barry, Margaret Anne Doody and Mary E. Doody Jones. eds. *The Annotated Anne of Green Gables*, Oxford University Press, New York, 9–34.

Higuchi, Koichi. (2016) "A Two-Step Approach to Quantitative Content Analysis: KH Coder Tutorial using Anne of Green Gables (Part I)" 『立命館産業社会論集』52(3): pp.77–91. 立命館大学産業社会学会

Higuchi, Koichi. (2017) "A Two-Step Approach to Quantitative Content Analysis: KH Coder Tutorial using Anne of Green Gables (Part II)" 『立命館産業社会論集』53(1): pp.137–147. 立命館大学産業社会学会

Krippendorff, Klaus. (1980) Content Analysis : An Introduction to its Methodology, Sage. （クラウス・クリッペンドルフ　三上俊治・椎野信雄・橋元良明訳（1989）『メッセージ分析の技法―「内容分析」への招待』勁草書房）

6 自然言語処理における文章解析

河原大輔

概要

　自然言語処理は、人間の言語をコンピュータで処理することを研究する分野であるが、近年、様々な方向で活用されており、文章研究も例外ではない。本章では、形態素解析、構文解析、格解析、照応解析をはじめとする自然言語処理の解析技術の現状と課題を確認したあと、文章の表現とそれを利用した技術についても具体的に説明する。

1.　はじめに

　自然言語処理とは、日本語や英語といった自然言語で書かれた文章をコンピュータによって処理することを研究する分野である。その究極の目的は、文章のコンピュータによる理解であるが、それを達成する道程において、機械翻訳や情報検索などのアプリケーションが開発されている。それらのアプリケーションを支える文章の基盤的な解析技術として、形態素解析、構文解析などがある。

　文章とは文が連なった列であり、文は単語が連なった列といえる。文と単語の間の単位も考えることができ、これには節や文節などがあるが、自然言語処理のタスクによって考慮するかどうかが決まる。節は、1つの述語とそれに関係する単語を含む連続した範囲であり、文は1つ以上の節からなる。文節は、1つの自立語と0個以上の付属語からなる連続した範囲であり、節は1つ以上の文節からなる。

自然言語処理において文章を表現するためのモデルも様々なものが提案されており、それが情報検索などのアプリケーションにおいて利用されている。

　以下では、まず文章のコーパスについて概観し、次に文章の解析技術を説明する。その後に、文章の表現方法およびそれを用いた自然言語処理技術について述べる。

2.　文章のコーパス

　新聞記事、ウェブ文書（ページ）などが文章の単位であり、その集合がコーパス[1]である。コーパスは、タグ付きコーパスと生コーパスに大別される。ここで、タグとは、人手で付与した言語的なアノテーションを指す。例えば、形態素、固有表現、構文、照応・省略などのアノテーションがある。生コーパスとは、そのようなアノテーションが付与されていないコーパスを指す。

　入手可能なタグ付きコーパスとして、京都大学テキストコーパス[2]、NAISTテキストコーパス[3]、現代日本語書き言葉均衡コーパス（BCCWJ）[4]などがある。

　入手可能な生コーパスとしては、各新聞社の新聞記事コーパスやウェブコーパスがある。

3.　文章の解析技術

　基盤的な解析技術の概略を以下に示す。

・形態素解析
　　例：太郎〈人名〉は〈助詞〉ドイツ〈地名〉語〈名詞〉も〈助詞〉話せる〈動詞〉。〈句点〉

・構文解析
　　例：
　　　　太郎は　ドイツ語も　話せる。

・格解析
　　例：太郎は〈ガ格〉ドイツ語も〈ヲ格〉話せる。

・照応解析

　例：太郎は　ドイツ語も　話せる。

　　　ドイツに（太郎が）留学していたからだ。

・談話構造解析

　例：太郎は　ドイツ語も　話せる。

　　　〈理由〉ドイツに　留学していたからだ。

Column

アノテーション

　アノテーション（annotation）は、辞書的には「注釈」を意味することばであるが、自然言語処理や情報処理、コーパス言語学などの分野においてのアノテーションとは、テキストデータに対するアノテーションを指すことが多い。これは当該テキストデータの文字列に対して情報を付け加えること、つまりメタ的データの付与を意味する。また、このメタ的データは、主に「タグ付け」と呼ばれる手法によって行われる。

　テキストデータに対してどのようなメタ的情報を付与するかについては、目的に応じて様々なものが考えられる（実際に、現代日本語書き言葉均衡コーパス（BCCWJ）やCorpus of Contemporary American English（COCA）など、語の品詞やその他の形態論的情報が付与済みの大規模コーパスが少なからず公開されている）が、それを付与することによって、テキストの文字列ではなく、情報によるシステム検索が可能となる。例えば、book という英単語には名詞用法と動詞用法の大きく2つがあるが、文字列によるテキスト検索によっては、この品詞の違いを分けて抽出することはできない。よって、いずれかの用法に関するデータのみを収集したい場合、さらに目視による弁別作業が必要となる。ここで品詞に関するデータがあらかじめタグ付けしてあれば、このような問題は解消される。タグ付けの粒度をさらに細かくすれば、動詞用法をさらに自動詞用法と他動詞用法に分けて抽出することも可能である。

　このタグ付けの作業は人手によって行われることが多いが、元となるテキストデータの量によっては、非常に多くの人員と膨大な作業時間を要する。また、タグ付けの基準を人員間で完全に統一しながら作業を進める必要もあるため、アノテーションの作業はしばしば困難を極める。近年では自動アノテーションの可能性についても模索されているが、複雑なタグ付けに対しては、やはり人手による判断が必要となるだろう。

形態素解析（morphological analysis）は、文を単語列に区切り、各単語に原形や品詞などの情報を与える処理である。構文解析（syntactic analysis）は、単語や文節間の構造的な関係を捉える処理である。格解析（case analysis）は、係助詞句（「〜は」など）や被連体修飾詞と述語との格関係を明らかにする処理である。これらの解析は、文ごとに独立している。現状の形態素解析の精度は99%程度、構文解析の精度は90%程度、格解析の精度は80%程度である。

　文という単位を越える解析として、照応解析（anaphora resolution）や談話構造解析（discourse analysis）がある。照応解析では、代名詞や省略された語（ゼロ代名詞）の照応先を同定する処理である。文内の語を指すこともあれば、1文前以前の語を指すこともあり、文章を対象として解析を行う必要がある。談話構造解析は、節や文の間の関係を同定し、文章の構造を解析する処理である。これらの解析は、構文解析などの文内の解析と比べて精度が低く、50%程度である。精度が低い大きな要因は、人間がもっているような常識的知識の欠如と考えられ、このような知識を大規模コーパスから自動獲得する研究や、クラウドソーシングなどを利用して集合知として獲得する研究が盛んに行われている。

　以下では、文の解析である形態素・構文・格解析について簡単に述べた後、文章の解析の関係する照応解析と談話構造解析について説明する。

3.1.　形態素・構文・格解析

　日本語の文章は、英語などとは異なり、単語がスペースで区切られていない。そのため、日本語文章解析の最初のステップは、形態素解析によって、単語に区切り、それぞれに品詞や活用を付与することになる[5]。形態素解析は新聞記事のようなフォーマルな文章に対しては高精度にできるが、Twitterのようなくだけた文章に対してはやや精度が落ちるため、主にそのようなくだけた文章を対象とした研究が活発に行われている。

　形態素解析の次のステップとして構文解析がある。日本語の構文解析は、一般的に、文節間の関係を捉えるタスクである。例えば次の2つの文を考える。

① ⓐクロールで 泳いでいる 少女を見た。
　　ⓑ望遠鏡で 泳いでいる 少女を見た。

　前者は「クロールで」が「泳いでいる」と関係をもち、後者は「望遠鏡で」が「見た。」と関係をもっている。このような構文的な曖昧性を解消するのが構文解析である。構文的曖昧性は、「体言は用言に係る」のような日本語の文法を記述もしくは学習することによって、ある程度解消することができるが、上記のような例は単純な文法では解消できない例である。
　この問題を解決するために、大規模コーパスから格フレームが自動構築されている。格フレームとは次のような言語知識であり、このような知識があれば上記の例文の曖昧性は容易に解消することができる。

② ⓐ {人, 子供, …} が {クロール, 平泳ぎ, …} で {海, 大海, …} を 泳ぐ
　　ⓑ {人, 者, …} が {望遠鏡, 双眼鏡, …} で {姿, 人, …} を 見る

　この格フレーム自動構築手法は、大規模コーパスから、漸次的に確からしい情報を収集している。まず大規模コーパスを構文解析し、その結果から構文的曖昧性がないと判断される部分だけを収集する。構文解析精度は90%前後であるが、この方法により約20%の関係を98%の精度で収集することができる。次に、同じ述語でも意味によってとりうる格のパターンが異なるため、これを分離する必要がある。この問題に対しては、日本語は語順の入れ替わりがあるものの、最も重要な項は述語の直前にあることが多いという性質を利用し、直前の項と述語のペアを単位としてクラスタリングを行っている。
　格解析は、述語と項の間の格関係を同定する処理である。例えば、例文①ⓐにおける「少女」が「泳いでいる」に対してガ格という格関係をもつことを明らかにする。格解析においても格フレームが重要な役割を果たし、格フレームに基づいて構文解析と格解析を統合的に行う手法が提案されている。

3.2. 照応解析

　文章において、ある言語表現が別の言語表現と同じ内容・対象を指してい

る現象を照応と呼ぶ。例えば、次の文章では、「彼」が「一郎」を指している。

③一郎は駅まで走った。彼はなんとか特急に乗ることができた。

　この例における「彼」のように他の表現を指す表現を照応詞、照応詞によって指される表現を先行詞と呼ぶ。また、上例の場合、「彼」と「一郎」という表現が実世界における「一郎」という同一人物を指しているため、このような現象を共参照とも呼ぶ。
　日本語において照応詞はよく省略される。上記の文章において「彼は」が省略されると、次の文章になる。

④一郎は駅まで走った。なんとか特急に乗ることができた。

　このような場合の省略された照応詞はゼロ代名詞と呼ばれる。
　照応解析は、照応詞が指している先行詞を同定する処理である。照応解析の手がかりの基本的なものとして、照応詞が「彼」のような代名詞の場合には性（男性・女性など）や数（単数・複数）がある。次の例のように、照応詞が「その電車」のような名詞句であれば、「特急」と「電車」のような単語の上位下位関係が手がかりとなる。

⑤一郎は駅まで走った。彼はなんとか特急に乗ることができた。その電車に乗らないと今日中に帰れないところだった。

　照応詞がゼロ代名詞の場合には、まずそれを認識する必要がある。ゼロ代名詞の先行詞の同定については、ゼロ代名詞は文章中に表現されないため、上記の手がかりを使うことができないが、ゼロ代名詞をもつ述語の格フレームが1つの手がかりとなる。しかし、手がかりが共参照と比べて少ないため、難しいタスクとなる。
　照応解析のシステムは、上記のような様々な手がかりを教師あり学習によって統合することによって行われることが多い。教師あり学習とは、人手

で正解を付与したデータ（教師データ）を用いて、複数の手がかりをどのように重み付けして考慮すれば解を精度よく推定ことができるかを学習する枠組みである。照応解析の場合は、照応現象の正解を付与したコーパスが教師データとして用いられる。現状では、英語の照応解析の精度は70%程度であり、日本語の照応解析（ゼロ照応解析）の精度は50%程度となっている。

3.3. 談話構造解析

節や文の間には意味関係があり、それがつながって文章を構成している。節や文などの基本単位を談話単位、それがつながった構造を談話構造と呼ぶ。この談話構造を求める処理が談話構造解析である。談話構造解析は主に英語を対象として研究が進展しており、以下では2つの談話構造解析モデルを紹介する。

3.3.1. Rhetorical Structure Theory (RST)

談話構造のモデルの1つとして、Rhetorical Structure Theory (RST) と呼ばれるものがある。RSTは、談話単位のペアの間に主従関係を認定し、その間の関係（談話関係）を背景、根拠、詳細化などの約20種類に分類する。主となる談話単位を「核」、従となる談話単位を「衛星」と呼ぶ。例えば、主張を表す文の後に、その根拠を表す文が続く場合に、この2つの文の間には根拠の関係があり、主張の文がより重要であると考えて核とし、根拠の文を衛星とする。次の文章に対するRSTによる談話構造の例を図1に示す。

⑥[Still, analysts don't expect the buy-back to significantly affect per-share earnings in the short term.](16) [The impact won't be that great,](17) [said Graeme Lidger-wood of First Boston Corp.](18) [This is in part because of the effect](19) [of having to average the number of shares outstanding,](20) [she said.](21) [In addition,](22) [Mrs. Lidgerwood said,](23) [Norfolk is likely to draw down its cash initially](24) [to finance the purchases](25) [and thus forfeit some interest income.](26)

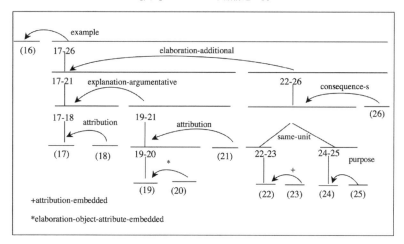

（Carlson et al., 2001）より引用

　RSTをアノテーションした英語のコーパスとして、RST Discourse Treebank
があり、談話構造解析システムの学習・評価データとして用いられている。

3.3.2.　Penn Discourse Treebank

　RSTのように文章を構造化するのではなく、談話関係をもつ範囲のペアを
人手でアノテーションすることによって構築した英語のコーパスとして、Penn
Discourse Treebank (PDTB) がある。

　PDTBのアノテーションでは、まず、接続表現と2つの項 (関係をもつ範囲)
を同定する。接続表現は明示される場合と明示されない場合がある。接続表
現が明示されているとは "because" のような接続表現が使われている場合で
あり、明示されていないとは、接続表現がないものの、談話関係が認められ
る場合である。明示されていない場合は、妥当な接続表現をアノテーション
する。

　次に、2つの項の間の談話関係を分類する。PDTBの談話関係タグセット
を表1に示す。PDTBのアノテーションの例を次に示す。

⑦*In addition, its machines are typically easier to operate,* <u>so</u> **customers require less assis- tance from software.** (CONTINGENCY:Cause:result)

　この例では、斜体部と太字部の2つの項が"so"という明示された接続表現でつながれており、その談話関係は"CONTINGENCY:Cause:result"とタグ付けされている。

　PDTBを学習・評価データとした談話構造解析システムの開発は現在活発に行われている。接続表現が明示されていない場合は精度がかなり低いが、この解決には因果関係などに関する知識が必要であると思われる。

4. 文章の表現とその利用

4.1. 文章の表現

4.1.1. 単語・単語列による文章の表現

　文章を表現するもっとも簡単な方法は、文章を単語集合 (bag of words) として表現するものである。この場合、単語の出現順序は無視する。この表現方法は、後述する情報検索、トピックモデルなどにおいて用いられている。

　言語モデル (language model) は、文章のもっともらしさを確率として表現する手法である。n-gram モデルが代表的であり、これは、ある単語を生成する確率が、直前のn-1個の単語のみに依存するという考え方である。1-gram (unigram) の場合は bag of words と同等である。2-gram (bigram) や3-gram (trigram) は、直前の1単語もしくは2単語を考慮する言語モデルであり、局所的ではあるものの、単語の出現順序を考慮したモデルとなっている。例えば、次の文を考える。

⑧A cat is eating a fish.

　この文において文脈から"fish"を生成する確率を考える。bigram では文脈"a"のみから次の単語を生成するが、trigram では文脈"eating a"から次の単語を生成する。bigram ではあらゆる名詞がもっともらしいが、trigram では食

[表1] Penn Discouse Treebank 2.0の談話関係タグセット

TEMPORAL（時間）
・Asynchronous（非同期）
　precedence（前）
　succession（後）
・Synchronous（同期）

CONTINGENCY（関係可能性）
・Cause（原因）
　reason（理由）
　result（結果）
・Pragmatic Cause（認識的原因）
　justification（根拠）
・Condition（条件）
　hypothetical（仮定）
　general（一般）
　unreal present（非現実現在）
　unreal past（非現実過去）
　factual present（現実現在）
　factual past（現実過去）
・Pragmatic Condition（認識的条件）
　relevance（関連）
　implicit assertion（暗黙的言明）

COMPARISON（比較）
・Contrast（対比）
　juxtaposition（並列）
　opposition（対立）
・Pragmatic Contrast（認識的対比）
・Concession（譲歩）
　expectation（予測）
　contra-expectation（反予測）
・Pragmatic Concession（認識的譲歩）

EXPANSION（展開）
・Conjunction（接続）
・Instantiation（例示）
・Restatement（換言）
　specification（詳細化）
　generalization（一般化）
　equivalence（等価）
・Alternative（選択）
　conjunctive（連言）
　disjunctive（選言）
　chosen alternative（代理）
・Exception（例外）
・List（列挙）

べ物にしぼられるため、trigramの方が"fish"を生成する確率が高く、よいモデルであると言える。

　理論的には、n-gramのnを大きくすればする程、文章を表現するよいモデルになるが、実際には学習に用いるコーパスの大きさに限界があるため、もっともらしいn-gramすべてについて妥当な確率を学習することが難しい。そのため、従来はtrigram程度がよく利用されていたが、近年はコーパスの大規模化によって5-gram程度が利用されることも多くなっている。

4.1.2. 単語・文章のベクトル表現

　近年、ニューラルネットワークや深層学習が脚光を浴びており、単語や文章などをベクトルとして表現する手法が提案されている。単語をベクトルとして表現するとは、例えば「医師」をベクトル（0.31, 0.75, 0.12）で、「医者」を（0.20, 0.91, 0.18）で表現するということである。ここでは簡単化のために3次元のベクトルで表現しているが、一般的には数百次元のベクトル

が用いられることが多い。このようなベクトル表現を用いなければ、「医師」と「医者」は別々のシンボルであり、その間の類似度を計るようなことはできない。しかし、単語をベクトルとして表現することによって、単語の類似度をベクトルの類似度として計ることが可能になる。単語のベクトルについて説明したが、文、段落、文章についても同様である。

　単語のベクトルを大規模コーパスから学習する手法の1つに、word2vecと呼ばれるものが提案されている。word2vecの学習方法の1つはskip-gramと呼ばれ、文章中の各単語ごとに、そのまわりにある単語を予測できるように、その単語のベクトルを学習するものである。この手法で学習した単語ベクトルは、例えば、"king – man + woman" の計算を行うと、queen に近いベクトルとなるということがいわれており、興味深い。この単語ベクトルを利用することによって、単語間の類似度が簡単かつ高速に計ることができるため、様々なタスクにおいて活発に利用されている。

　また、word2vecを拡張し、段落や文章のベクトルを学習できるようにした手法が提案されている。この手法は、段落のベクトルから段落中の各単語を予測できるように、その段落のベクトルを学習するものである。テキスト分類、評価極性（ポジティブ、ネガティブ）判定などのタスクにおいて単語ベクトルよりも高い精度を達成している。

4.1.3.　Abstract Meaning Representation（AMR）による文の表現

　Abstract Meaning Representation（AMR）は、文の抽象的な意味をグラフとして表現する枠組みである。英文⑧は図2に示すグラフとして表現される。

　ARG0、ARG1は動詞に対する意味役割を表す。これらは、述語と項の関係に関する辞書・コーパスである PropBank の仕様を採用しており、一般的に ARG0 は主語、ARG1 は目的語である。

　AMR は構文構造の違いを吸収することによって、同じ意味をもつ文に対しては構文構造が異なっていても同じ AMR グラフを与える。例えば、上記の文と "A fish is being eaten by a cat." や "Eating of a fish by a cat." は同じ AMR グラフをもつ。

　AMR は現在、主に英語の文を対象に設計され、人手で AMR グラフを付与したコーパスが構築されている。今後、他言語や文章に対する表現への拡張

が行われていくと思われる。

4.2. 文章の表現を利用した自然言語処理技術

　文章を単位とした自然言語処理技術の代表例として、情報検索とトピックモデルがある。本節では、従来からの習わしにより、「文章」を「文書」と呼ぶ。

4.2.1. 情報検索

　情報検索（information retrieval）とは、与えられたクエリに対して、それに合致する文書を探す技術である。ウェブの検索エンジンなどがまさにこの技術を用いている。

[図2]　"A cat is eating a fish." に対する AMR グラフ

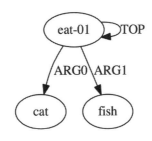

[図3]　単語文書行列の例

文書	1	2	3	4	5	...
車	2	0	0	1	0	...
首相	0	3	2	0	0	
歩道	2	0	0	1	1	
国会	0	2	1	0	0	
乗る	3	0	1	1	0	
こと	3	8	7	4	3	
:	:					

ベクトル空間モデル（vector space model）は、文章のbag of words表現を利用して情報検索を行う手法である。このモデルでは、各文書から単語集合を抽出して単語ベクトルとし、図3のような単語文書行列を作成する。クエリが入力されたときにクエリからも単語集合を抽出して単語ベクトルとし、この単語ベクトルと文書の単語ベクトルの類似度を計る。これによって、クエリと類似度が高い、つまり関連性の高い文書を出力する。

　図3におけるそれぞれの値は、各文書における各単語の重要さを表す重みであり、ここでは各文書における各単語の頻度としている。これはterm frequency（tf）と呼ばれる。しかし、この重み付けでは、例えば「こと」のように、あまり意味をもたない高頻度な単語に重み付けされてしまう問題があるため、tf-idf（▶第4章5.2節）のような様々な重み付け手法が提案されている。idfとは、単語が出現する文書の割合の逆数に対して対数をとったものであり、tf-idfは、tfとidf（inverse document frequency）をかけたものである。例えば「こと」はほとんどの文書に出現するため、idfは0に近い値となり、tf-idfは小さな値となる。

4.2.2. トピックモデル

　トピックモデル（topic model）とは、文書集合が与えられたときに、各文書がどのようなトピックについて書かれたものであるかを推定するモデルである。トピックモデルは、同じトピックの文書には同じような単語が現れる傾向があるという考え方に基づいている。例えば、「車」や「歩道」などの単語が多く出現する文書は交通に関するトピック、「首相」や「国会」などの単語が多く出現する文書は政治に関するトピックのように推定する。

　トピックモデルは、ベクトル空間モデルと同じように単語文書行列を入力とし、各文書が各トピックに属する度合、および各単語が各トピックに属する度合が出力される。

　トピックモデルとして、Latent Semantic Analysis（LSA）、Probabilistic Latent Semantic Analysis（PLSA）、Latent Dirichlet Allocation（LDA）などのモデルが提案されている。

4.2.3. その他の技術

他の技術として、文章の難易度判定 (▶第7章参照)、面白さ判定、添削・採点などがある[6]。いずれも、基本的には文章の bag of words 表現に基づいており、文章の深い理解に基づいているわけではないが、このような文章を対象とした応用研究は今後活発化すると思われる。

5. おわりに

本章では、文章に対する自然言語処理の現状について概説した。文章に対する処理は、文に対する処理と比べて発展途上であるが、現在活発に研究されており、今後ますます研究が進むものと思われる。特に、ニューラルネットワークによる文章表現の学習方法や、それに基づく技術は日進月歩であり、ここ数年で状況が大きく変わる可能性もあるため、目が離せない研究分野となっている。

●さらに勉強したい人のために

1 黒橋禎夫・柴田知秀 (2016)『自然言語処理概論』サイエンス社
   文章解析システムの多くが利用している自然言語処理技術を初歩から解説する入門書である。単語、文、文章の解析から、情報抽出・検索、トピックモデル、機械翻訳、対話システムまでカバーし、またニューラルネットワークなど最新の話題も含んでおり、自然言語処理技術に関する知識を一通り得ることができる。
2 高村大也 (2010)『言語処理のための機械学習入門』コロナ社
   教師あり学習・教師なし学習を含んだ機械学習を用いた自然言語処理についての入門書である。基礎的な数学知識から、クラスタリングや分類、さらに形態素解析のような系列の解析をカバーしている。機械学習を用いたシステムを開発するための知識を身につけることができる。

注

1 「コーパス」という用語に関して、言語学では母集団に対して代表性をもつように設計されたものを指すことが多いが、自然言語処理では単なる文章の集合を指すのが一般的である。
2 http://nlp.ist.i.kyoto-u.ac.jp/index.php?京都大学テキストコーパス
3 https://sites.google.com/site/naisttextcorpus/
4 http://pj.ninjal.ac.jp/corpus_center/bccwj/
5 一般に、意味をもつ最小の言語単位を形態素、文法上1つの機能をもつ最小の言語単位を単語と定義し、単語は1つ以上の形態素からなるとされる。何を単語とし何を形態素とするかは文法体系や辞書によって異なる。

6　本章で触れなかった技術として、機械翻訳と要約がある。機械翻訳は、現在のほとんどの手法が文単位の翻訳を行っており、文章を対象とした研究はほとんど行われていない。要約は文章を入力とするタスクであるが、文章から重要な文をいくつか選択して、それを要約とする手法が一般的であり、これまでで述べた技術や文章表現とは大きく異なる。

参考文献

河原大輔・黒橋禎夫（2005）「格フレーム辞書の漸次的自動構築」『自然言語処理』12(2): pp.109–132. 言語処理学会

河原大輔・黒橋禎夫（2007）「自動構築した大規模格フレームに基づく構文・格解析の統合的確率モデル」『自然言語処理』14(4): pp.67–81. 言語処理学会

斉藤いつみ・貞光九月・浅野久子・松尾義博（2017）「文字列正規化パタンの獲得と崩れ表記正規化に基づく日本語形態素解析」『自然言語処理』24(2): pp.297–314. 言語処理学会

笹野遼平・黒橋禎夫・奥村学（2014）「日本語形態素解析における未知語処理の一手法—既知語から派生した表記と未知オノマトペの処理」『自然言語処理』21(6): pp.1183–1205. 言語処理学会

Banarescu, Laura, Claire Bonial, Shu Cai, Madalina Georgescu, Kira Griffitt, Ulf Hermjakob, Kevin Knight, Philipp Koehn, Martha Palmer, and Nathan Schneider. (2013) Abstract Meaning Representation for Sembanking. In *Proceedings of the 7th Linguistic Annotation Workshop and Interoperability with Discourse*, pp. 178–186, Sofia, Bulgaria, August, URL: http://www.aclweb.org/anthology/W13-2322.

Blei, David M., Andrew Y. Ng, and Michael I. Jordan. (2003) Latent Dirichlet Allocation. *Journal of Machine Learning Research*, Vol. 3, No. Jan, pp.993–1022.

Carlson, Lynn, Daniel Marcu, and Mary Ellen Okurowski. (2001) Building a Discourse-tagged Corpus in the Framework of Rhetorical Structure Theory. In *Proceedings of the 2nd SIGdial Workshop on Discourse and Dialogue*.

Deerwester, Scott, Susan T. Dumais, George W. Furnas, Thomas K. Landauer, and Richard Harshman. (1990) Indexing by Latent Semantic Analysis. *Journal of the American Society for Information Science*, Vol. 41, No. 6, pp.391–407.

Hofmann, Thomas. (1999) Probabilistic Latent Semantic Analysis. In *Proceedings of the 15th Conference on Uncertainty in Artificial Intelligence*, pp.289–296.

Le, Quoc and Tomas Mikolov. (2014) Distributed Representations of Sentences and Documents. In *Proceedings of ICML*, Vol. 14, pp.1188–1196.

Mann, William C. and Sandra A. Thompson. (1988) Rhetorical Structure Theory: Toward a Functional Theory of Text Organization. *Text-Interdisciplinary Journal for the Study of Discourse*, Vol. 8, No. 3, pp.243–281.

Mikolov, Tomas, Ilya Sutskever, Kai Chen, Greg Corrado, and Jeffrey Dean. (2013a) Distributed Representations of Words and Phrases and thei Compositionality. In *Proceedings of Advances in Neural Information Processing Systems*, pp.3111–3119.

Mikolov, Tomas, Kai Chen, Greg Corrado, and Jeffrey Dean. (2013b) Efficient Estimation of Word Representations in Vector Space. *arXiv preprint arXiv*: 1301.3781.

Ng, Vincent. (2010) Supervised Noun Phrase Coreference Research: The First Fifteen Years. In *Proceedings of the 48th Annual Meeting of the Association for Computational Linguistics*, pp.1396–1411, Uppsala, Sweden: Association for Computational Linguistics, July, URL: http://www.aclweb.org/anthology/P10-1142.

Palmer, Martha, Daniel Gildea, and Paul Kingsbury. (2005) The Proposition Bank: An Annotated Corpus of Semantic Roles. *Computational Linguistics*, Vol. 31, No. 1, pp.71–106.

Prasad, Rashmi, Nikhil Dinesh, Alan Lee, Eleni Miltsakaki, Livio Robaldo, Aravind Joshi, and Bonnie Webber. (2008) The Penn Discourse TreeBank 2.0. In *Proceedings of the 6th International Conference on Language Resources and Evaluation*, pp.2961–2968.

Shibata, Tomohide, Daisuke Kawahara, and Sadao Kurohashi. (2016) Neural Network-Based Model for Japanese Predicate Argument Structure Analysis. In *Proceedings of the 54th Annual Meeting of the Association for Computational Linguistics (Volume 1: Long Papers)*, pp.1235–1244, Berlin, Germany: Association for Computational Linguistics, August, URL: http://www.aclweb.org/anthology/P16–1117.

7 文章解析を目的とする ウェブ基盤システム

長谷部陽一郎・久保圭・李在鎬

概要

　形態素解析をはじめとする自然言語処理技術の発達や、優れた辞書データの開発によって、コンピュータを用いて日本語テキストを解析し、使用語彙に関する統計情報を示したり、文章の難易度を推定したりすることが可能になっている。

　本章では、ウェブブラウザで利用可能な日本語の文章解析システムを紹介する。具体的には、文章難易度を測る「jReadability」、「帯」、「日本語リーダビリティ測定」を取り上げる。そして、形態素解析に特化した「web茶まめ」などを取り上げる。こうした日本語文章解析のシステムは、言語教育はもちろん、「やさしい日本語」のような日本語教育と社会のつながりを促進する取り組みにおいても役立つ可能性がある。

1.　はじめに：ウェブ基盤の文章解析システム

　文章とは、言語研究の単位としてもっとも大きく、複雑なものである（▶第1章参照）。こうした文章がもつ多様かつ複雑な情報を自然言語処理技術で処理し、可視化するウェブ基盤システムが存在する。以下では、文章の難易度を推定するシステムや文章を語に分割するシステム、さらに語彙や文法項目の特徴を調べるシステムを紹介した上で、関連分野への応用について考えてみたい。

　さて、システムの紹介に先立って、ウェブ上で日本語の文章を解析するこ

とにどのような意義があるのかについて概観しておきたい。近年、日本語教育の分野では、学習者の多様化に伴い、実際のコミュニケーションに役立つ真正な言語教育へのニーズが高まってきている。このような背景もあり、生の言語資料を用いた言語教育が活発化している。典型的には、読解クラスのために新聞や雑誌の記事などを材料とした教材作りが行われている。ところが、こうした教材化においては、難易度に関する統制の有無が問題になる。具体的には、学習者にとって難しすぎる語彙はないか、未習の文法項目はないか、文章全体の難易度は適切かなどに配慮する必要がある。

　しかし、難易度に関する問題は、本来主観的なものである。そのため、明確な基準のもと、効率的に素材テキストを評価することは容易ではない。そこで、何らかの外的な基準をもとに難易度を判定するシステムが求められるが、本章で紹介するjReadabilityがその1つの事例になる。

　jReadabilityには、入力されたテキスト全体の難易度を判定する機能がある。システムに実装された公式によって難易度を判定するため、同じ内容のテキストであれば、常に同じ結果を返す。さらに、難易度を判定するだけでなく、その過程で得られる各種の値や属性を可視化する機能が備わっている。例えば、使用されている語彙の品詞、語種、難易度レベル、頻度に関する情報を示すことができる。したがって、学習者自身による自学自習活動に用いることも可能である。

2.　jReadability文章難易度判別システムについて

　本節では、ウェブ基盤の日本語文章難易度判別システムjReadability (http://jreadability.net) の使い方と機能を示す。jReadabilityは、科学研究費補助金 (課題番号：25370573) の補助のもとで、李在鎬と長谷部陽一郎が開発したものである。難易度判別のための公式 (▶第10章4.2節) は李在鎬が、ウェブシステムのプログラミングは長谷部陽一郎が担当した。2013年に試験版を公開した後、様々な機能拡張を行い、2016年4月に正式版を公開した。日本語の文章を扱うシステムであるが、外国語として日本語を学ぶ学習者など、より幅広いユーザーに対応できるよう、英語による画面表示も可能になっている (http://jreadability.net/en)。

2.1. 文章難易度の判別

　jReadabilityの最も重要な機能は、文章難易度の判別である。画面の上部に表示されるテキストボックス（図1）にテキストを入力し、実行ボタンを押すと、判別用公式を用いて算出された文章難易度が表示される（図2）。難易度は、初級前半（とてもやさしい）から上級後半（とてもむずかしい）までの6段階がある（▶第10章4.1節）。

[図1]　入力画面

[図2]　解析結果

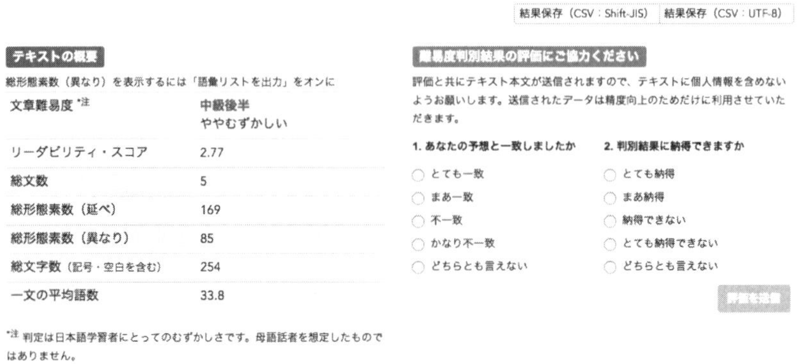

文章難易度と共に結果画面に示されるのは、リーダビリティ・スコア、総文数、総形態素数、総文字数などの基本的な統計値である（図2）。

　図2の「リーダビリティ・スコア」とは、上記の文章難易度のもととなる値で、0.5から6.4の幅で算出される。この値が大きいほど、相対的にやさしい（＝読みやすい／リーダビリティが高い）ことを意味する。

　次に、文章に含まれる語彙の難易度別の構成（初級前半～上級後半）、品詞構成（名詞、助詞、動詞など）、語種構成（和語、漢語、外来語、混種語）、文字種構成（ひらがな、カタカナ、漢字）の分布が表とグラフの形で表示される（図3）。

[図3] 語彙分布

語彙レベル構成
語彙レベル情報を持っている形態素だけを集計

初級後半	23
中級後半	18
中級前半	16
初級前半	14
上級前半	8
上級後半	1

品詞構成
記号類は除外

普通名詞	51
助詞	45
助動詞	13
動詞	9
形容詞	3
連体詞	2
形状詞	1
固有名詞	1
その他	44

語種構成
定型句は「ありがとう」などを指す

和語	101
漢語	35
外来語	9
混種語	1
定型句	0

文字種構成
記号やアラビア数字等は除外

ひらがな	116
漢字	78
カタカナ	29

2.2. 発展的な機能

　jReadabilityは入力されたテキストの文章難易度の判別を主な目的としているが、文章を構成する語の形態論情報を様々な形式で表示する機能を備えている。

　まず、解析が完了すると、「テキスト情報」ウィンドウに加えて、「テキスト詳細」と「語彙リスト」のウィンドウが作成され、タブで切り替えられるようになる。「テキスト詳細」ウィンドウ（図4）では、入力されたテキストを文に分割し、形態素解析結果に基づいて語ごとに「分かち書き」したものが表示される。また、文章中の「内容語」と「機能語」がそれぞれわかりやすく表示される。

[図4] テキスト詳細

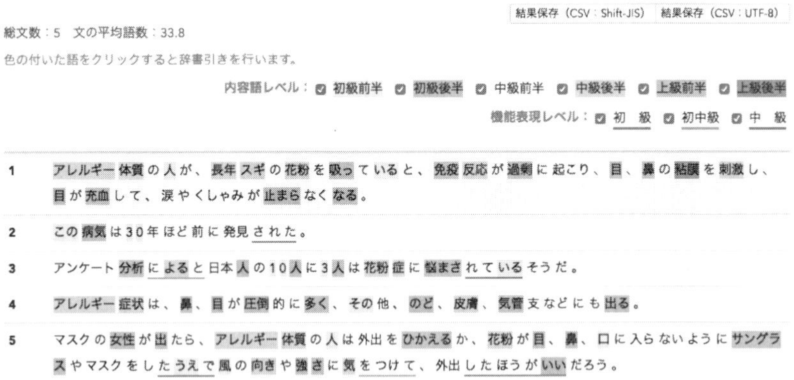

図4において背景色で色分けされたものは内容語であり、下線で表示されているものは機能語である。内容語については、「日本語教育語彙表」（▶第7章3.2節）における6段階レベル（初級前半〜上級後半）の指定に基づいて、異なる背景色で表示される。機能語については、様々な日本語教育用教科書のテキストから採取した複合的機能表現のレベル別データが格納されており、入力された文章中に含まれる機能表現が異なった色の下線で表示される。

　次に、「語彙リスト」ウィンドウでは、入力された文章に含まれる語を、

表層形にかかわらず基本形ごとに集約したものをリスト表示する（図5）。

　各語の情報として示されるのは、①出現順（入力テキストにおける初出位置）、②基本形、③読み、④分類（品詞情報）、⑤頻度、⑥全体に占める割合(%)、⑦変化形（実際に文章中で現れている形）、⑧レベル（日本語教育語彙表における語彙の難易度）である。

[図5] 語彙リスト

出現順	基本形	読み	分類	頻度	%	変化形	レベル	レベル
1	アレルギー	アレルギー	名詞-普通名詞-一般	3	1.78	アレルギー(3)	4	中級後半
2	体質	タイシツ	名詞-普通名詞-一般	2	1.18	体質(2)	4	中級後半
3	の	ノ	助詞-格助詞	7	4.14	の(7)		
4	人	ヒト	名詞-普通名詞-一般	2	1.18	人(2)	1	初級前半
5	が	ガ	助詞-格助詞	8	4.73	が(8)		
6	、		補助記号-読点	17	10.06	、(17)		
7	長年	ナガネン	名詞-普通名詞-副詞可能	1	0.59	長年(1)	4	中級後半
8	スギ	スギ	名詞-普通名詞-一般	1	0.59	スギ(1)	4	中級後半
9	花粉	カフン	名詞-普通名詞-一般	3	1.78	花粉(3)	4	中級後半
10	を	ヲ	助詞-格助詞	5	2.96	を(5)		
11	吸う	スウ	動詞-一般	1	0.59	吸っ(1)	2	初級後半

形態素数（延べ）：169　形態素数（異なり）：85
リンクをクリックすると辞書引きを行います。

結果保存（CSV：Shift-JIS）　結果保存（CSV：UTF-8）

並べ替え：　出現順　読み　分類　頻度　語彙レベル

　jReadabilityで結果として生成される3つのウィンドウ（「テキスト情報」「テキスト詳細」「語彙リスト」）のそれぞれで示されるデータは、CSV形式でダウンロード可能になっている。これは日本語教師や日本語のデータを扱う研究者の利用を想定した機能である。

　次に、外国語としての日本語習得をめざしている学習者に役立ついくつかの機能も備えている。その1つはテキストの読み上げ機能である。図1に示されているように、入力した文章の解析が完了すると、テキストボックスの右上にボタンが表示される。これをクリックすると、使用しているウェブブ

ラウザが対応していれば、合成音声による文章読み上げが行われる。

　最後に、「テキスト詳細」と「語彙リスト」のウィンドウ上に表示される内容語は、「日本語教育語彙表」のデータと紐付けられており、語をクリックすると、発音、分類、語彙レベル、語種、語義、用例といった情報をポップアップ画面で確認することができる（図6）。

［図6］語彙項目情報の参照

> **過剰**　　　　　　　　　　　　　　　　　　　　　　　　　✕
>
> **発　音**：カジョウ
>
> **分　類**：名詞-普通名詞-形状詞可能
>
> **語彙レベル**：上級前半
>
> **語　種**：漢語
>
> **語義 1**：多すぎるさま
> **用　例**：過剰な期待は重荷になる。
>
> **語義 2**：多すぎること
> **用　例**：市場は供給過剰の状態に陥っており価格は急落している。

2.3.　jReadabilityのデータ処理の流れ

　ここで、jReadabilityにおいて、入力されたテキストに対し、どのような処理が行われているかを簡単にみておきたい。

　まず、入力された文章は「文」の単位に分割される。その際に用いられるのは句点（。）、クエスチョン・マーク（?）、エクスクラメーション・マーク（!）という3つの文末記号である。実際には、すべての文の切れ目をこれらの記号で検出できるわけではない。例えば、コロン（:）や閉じ括弧（」）で文が区切られている場合もある。しかし、これらの記号は文境界以外でも頻繁に用いられることが多い。また、ある種の文境界として用いられている場合でも、それらの文は前後の文と特別な関係を有していることが多い。これらのことから、jReadabilityでは句点を中心とした3つの文末記号のみを用いて文分割を行っている。

次に、分かち書き、すなわち文を語に分割する処理が行われる。jReadability
では、内部で形態素解析プログラムの MeCab（http://taku910.github.io/mecab/）を利
用している。また、MeCab が語の認識と情報出力のために用いる形態素情報
辞書として、UniDic を利用している（http://pj.ninjal.ac.jp/corpus_center/unidic/）。UniDic
の特徴として、語種情報が実装されており、対象となる語が「和語」「漢語」
「外来語」「混種語」のいずれであるのかを判別できる（小椋他 2008）。ここで参
考として、MeCab と UniDic を用いて解析した例を表 1 に示す。

[表1] 「今日は暖かいのでコートは不要だ」の解析例

書字形	発音形	語彙素	品詞	語種
今日	キョー	今日	名詞 - 普通名詞 - 副詞可能	和
は	ワ	は	助詞 - 係助詞	和
暖かい	アタタカイ	温かい	形容詞 - 一般	和
の	ノ	の	助詞 - 準体助詞	和
で	デ	だ	助動詞	和
コート	コート	コート -coat	名詞 - 普通名詞 - 一般	外
は	ワ	は	助詞 - 係助詞	和
不要	フヨー	不要	形状詞 - 一般	漢
だ	ダ	だ	助動詞	和
。		。	補助記号 - 句点	記号

　こうして入力テキストが文および語に分割されたならば、次にこれらの過
程で得られた各種情報を集約し、以下に示すリーダビリティ公式に当ては
め、リーダビリティ・スコアを計算する作業が行われる（▶第10章4.2節）。

①リーダビリティ・スコア＝平均文長× –0.056 ＋漢語率× –0.126 ＋和語率
　　× –0.042 ＋動詞率× –0.145 ＋助詞率× –0.044 ＋ 11.724

　jReadability において、入力された文章を語に分割するだけでなく、その前
段階で文への分割を行うのは、①の公式が、平均文長の値（文が平均していくつ
の語または形態素で構成されているか）を必要とするからである。また、複数ある他
の形態素情報辞書ではなく UniDic を用いているのは、漢語や和語といった

「語種」の情報が必要だからである。なお、ここで「漢語」と呼んでいるのは、必ずしも「漢字で構成された語」ではないことに注意されたい。例えば「今日」という語は漢字で表記されているが、表1からわかるとおり「和語」である。したがって、上記のリーダビリティ公式に含まれる漢語率の値を得るためには、単に入力された文章の文字種をみるだけでなく、形態素ごとの語種データを提供する辞書が必要となる。

2.4.　jReadabilityを利用する上での制約

　jReadability は UniDic の情報に依存する形で結果を出すシステムである。そのため、jReadability で日本語文章を解析し、難易度判定を行う際に注意しておくべき点がある。

　UniDic は「短単位」とよばれる方式で形態素解析（▶第6章3節）を行っている。言語学の分野において「形態素」とは、「意味を担う最小単位」であるが、コンピュータ上での日本語形態素解析では一般に、最小単位をそのまま出力時の単位として用いることはしない。いわゆる分節の範囲内で、何らかの規定に基づいて複数の最小単位を結合させたものを文の構成要素として出力する。例えば、多くの語は「母｜親」「食べ｜歩き」「本｜箱」のように、複数の形態素から構成されているが、UniDic が採用している短単位分割方式では、これらの語が（おおむね辞書の見出しと一致する形で）「母親」「食べ歩き」「本箱」のように1要素として扱われる。

　一方、いわゆる複合語については構成部分をそれぞれ独立要素としてみなすため、「研究書」「環境省」「都道府県」はそれぞれ「研究｜書」「環境｜省」「都｜道｜府｜県」のように分割される。このように、短単位で語を分割した結果は、一般的な日本語話者の自然な感覚と必ずしも一致しない可能性があるため注意が必要である。

　もう1つの重要な制約は、難易度判別の結果に関するものである。jReadability で使用している公式は、外国語としての日本語学習者用のレベル別教科書から得たコーパスを用いて作成されたものである。したがってjReadability で「難易度」と呼んでいるものは、日本語学習者の熟達度に対応する概念であり、日本語の母語話者が一般的に考える難易度とは必ずしも一致しない場合もある。

以上のように、jReadabilityを利用する際にはいくつかの制約がある。文章の理解とは本来的に主観的な営みであり、コンピュータによる文章解析は、数多くの要素・要因の一部を外在化する試みに過ぎない。したがって、どのようなシステムであっても、ある種の制約は避けられない。このことを認識した上でシステムを利用することが肝要である。

3.　様々なウェブ基盤システム

3.1.　日本語難易度判別のためのシステム

　ウェブブラウザで利用可能な日本語難易度判別システムはjReadabilityだけではない。先行する事例として、名古屋大学工学研究科の佐藤理史研究室で開発された「帯 (http://kotoba.nuee.nagoya-u.ac.jp/sc/obi3/)」や長岡技術科学大学の柴崎秀子研究室が開発した「日本語リーダビリティ測定 (http://readability.nagaokaut. ac.jp/)」がある。いずれのシステムも自然言語処理技術を利用して文章を解析し、何らかの難易度スケールに基づいた結果を出力するものである。難易度判別のためのデータと方法に関しては、システム間で次の表2のような違いがある。

[表2] 難易度判定システムの比較

	jReadability	帯	日本語リーダビリティ測定
基準コーパス	日本語教科書と均衡コーパス	全教科の教科書	国語科の教科書
判別ルール	単語処理による文章特徴量	文字の連続	単語処理による文章特徴量
スケール	6段階	13段階	12段階
付加機能	語彙リスト作成など		学年別配当漢字のハイライト

　重要な違いとして、次のことが挙げられる。まず、難易度を判別するための基準となるコーパスに関しては、jReadabilityでは日本語学習者向けの教科書データと現代日本語書き言葉均衡コーパス (BCCWJ) を利用しているのに対し、「帯」では小学校1年〜大学生までの全教科の教科書を利用している (佐藤 2008)。また「日本語リーダビリティ測定」では、小学校1年〜高校3年までの国語科の教科書のみを利用している。

次に、判別ルールに関して、jReadabilityと「日本語リーダビリティ測定」では入力文章を形態素解析し、語種や文長といった文章特徴量をもとに、最適な難易度グループを判別する仕組みを採用しているが、「帯」では文字単位の *n*-gramモデル（▶第6章4.1.1節、第9章5.1節）に基礎をおいた方式で最適な難易度グループを判別する仕組みになっている（Sato et al. 2008）。なお「日本語リーダビリティ測定」ではjReadabilityと同様に単語処理に基づいたモデルを用いているが、係り受け解析の結果をもとに文法の複雑さを測っている点で異なっている（柴崎・原 2010）。jReadabilityでは、現在の自然言語処理の技術として係り受け解析の精度が十分でないことから難易度判定には利用していない。

　次に、難易度に関して、jReadabilityでは前述のとおり、初級前半〜上級後半までの6スケールで判別を行うが、「帯」では、小学校1年から大学1年生までの13学年、「日本語リーダビリティ測定」では、小学校1年から高校3年までの12学年のスケールで結果を出力する。ここで例として、同じテキストをこれらのシステムで解析してみよう。次のサンプルテキストは、jReadabilityにおいて「中級前半」のテキストと判定されたものである。

茶々はわたしの日本語の先輩でした。毎日、日本語を一生懸命勉強して3か月ぐらいたったころには、日本人の友達といろいろな話もできるようになりました。そして茶々よりも日本語がわかるようになりました。けれどわたしの日本語の発音はまだ上手ではありません。家の人はわかってくれますが、茶々はわかりません。「おいで」と言っても茶々は来ません。「ちょっと見てごらん」と言っても見ません。「散歩に行こう」と言ってもふりむいてくれません。だから、いっしょに散歩することもできません。わたしの発音が家の人とちがうからです。それが大変ざんねんでした。それで、わたしはテープをたくさん聞いて練習しました。そして、はじめて茶々がわたしの「おいで」を聞いて、わたしのところへ来てくれた時は、本当にうれしくなりました。

　図7の「日本語リーダビリティ測定」の結果をみると、小学校6年生レベルのテキストということになる。図8の「帯」の結果では、小学校6年生レベルのモデル・テキストともっとも類似しているということである。2つのシステムでは、異なる方法で難易度判定をしているが、分析結果としてはど

別のテキストを試す

［図7］「日本語リーダビリティ測定」による解析結果

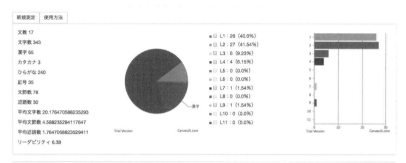

リーダビリティー・リサーチ・ラボ　　　　　　　　　　　　　　　　　　　　　　　　　　　　　　　　　HOME

日本語リーダビリティー測定 Ver.0.1

新規測定　使用方法

| 文数 17 |
| 文字数 343 |
| 漢字 65 |
| カタカナ 3 |
| ひらがな 240 |
| 記号 35 |
| 文節数 78 |
| 述語数 30 |
| 平均文字数 20.176470588235293 |
| 平均文節数 4.588235294117647 |
| 平均述語数 1.7647058823529411 |
| リーダビリティ 6.38 |

- L1：26 (40.0%)
- L2：27 (41.54%)
- L3：6 (9.23%)
- L4：4 (6.15%)
- L5：0 (0.0%)
- L6：0 (0.0%)
- L7：1 (1.54%)
- L8：0 (0.0%)
- L9：1 (1.54%)
- L10：0 (0.0%)
- L11：0 (0.0%)

番号	文
1	茶々はわたしの日本語の先輩でした。
2	毎日、日本語を一生懸命勉強して3か月ぐらいたったころには、日本人の友達といろいろな話もできるようになりました。
3	そして茶々よりも日本語がわかるようになりました。
4	けれどわたしの日本語の発音はまだ上手ではありません。

［図8］「帯」による解析結果

難易度の推定結果 別のテキストを試す

Produced by NagoyaObi Project

T13スケール = 6 (小学6年)

	小学1年	小学2年	小学3年	小学4年	小学5年	小学6年	中学1年	中学2年	中学3年	高校1年	高校2年	高校3年	大学・一般
T13スケール	1	2	3	4	5	6	7	8	9	10	11	12	13
ns	5	-13.0	0.3	7.4	6.2	11.8	10.1	9.2	7.5	9.6	-8.0	-12.3	-17.8	-11.0
s4	6	-10.6	-2.9	4.1	9.4	12.4	12.9	10.9	6.7	1.0	-5.3	-10.9	-14.2	-13.5
s2	6	-7.4	-1.4	3.3	6.6	8.7	9.5	9.1	7.3	4.2	-0.2	-5.8	-12.8	-21.0

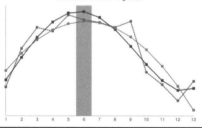

likelihood values of 13 grades

有効bigram = 238 (149)

茶々はわたしの日本語の先輩でした。毎日、日本語を一生懸命勉強して3か月ぐらいたったころには、日本人の友達といろいろな話もできるようになりました。そして茶々よりも日本語がわかるようになりました。けれどわたしの日本語の発音はまだ上手ではありません。家の人はわかってくれますが、茶々はわかりません。「おいで」と言っても茶々は来ません。「ちょっと見てごらん」と言っても見ません。「散歩に行こう」と言ってもわかりません。だから、いっしょに散歩することもできません。わたしの発音が家の人とちがうからです。それが大変ざんねんでした。それで、わたしはテープをたくさん聞いて練習しました。そして、はじめて茶々がわたしの「おいで」を聞いて、わたしのところへ来てくれた時は、本当にうれしくなりました。

NagoyaObi 3.01 (2016-07-17) Copyright 2009-2016, Satoshi Sato - exec at Sun Apr 16 03:55:11 JST 2017

ちらも小学校6年レベルのテキストに相当すると判定している。

　以上のことから、ここで紹介した3つのシステムは一見類似した機能をもつが、それぞれに得手不得手があり、利用の際には目的に合致したものを選ぶことが必要であるといえる。

3.2.　日本語テキスト解析のためのシステム

　ここでは、文章の難易度にとどまらず、日本語のテキストを解析する目的で、より汎用的に使えるシステムをいくつかみていきたい。

　まず、文章を形態素に分割するウェブシステムとして、「Web茶まめ (http://chamame.ninjal.ac.jp/)」というシステムがある。これは、日本語の形態素解析のために作られたプログラム「茶まめ」をウェブアプリケーションとして実装したものである。このシステムを使うことで、UniDicによる形態素解析ができる。用途に応じて解析用辞書を変更したり、解析時に不要な数字などを事前に処理したりするオプションが用意されている。さらに、出力項目に関しても細かく選択できるようになっており、ダウンロードして端末にインストー

[図9] Web茶まめ

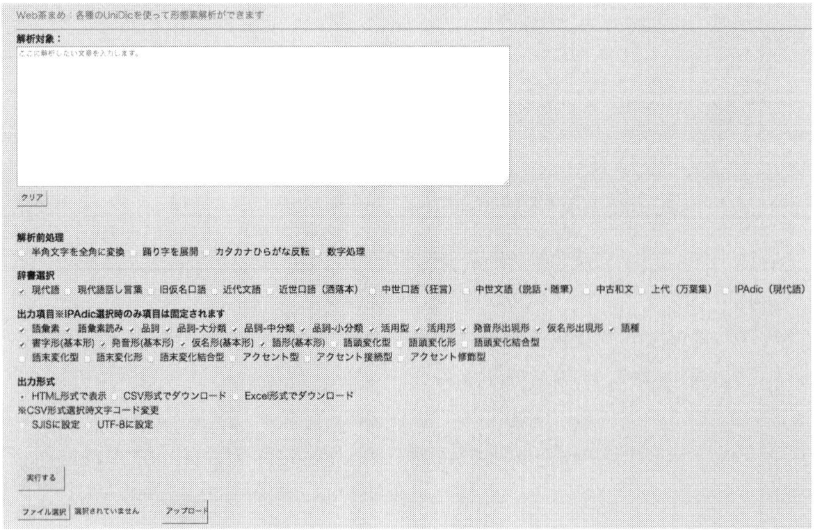

ルする従来型の「茶まめ」に比べ、一般のユーザーにとって、より使いやすい仕様になっている。

　次に、語彙や形態素の意味や用法を得るという用途に適したウェブシステムとしては、「日本語教育語彙表 (http://jreadability.net/jev)」と「機能語用例データベースはごろも (http://jreadability.net/hagoromo)」がある。

　図10と図11のシステムが処理対象とするのは「文章」ではなく「語」である。検索語を入力すると、マッチした項目に関する各種情報が表示される。「日本語教育語彙表」では内容語・実質語が検索でき、「機能語用例データベース」では機能語や文法項目が検索できる。

　「日本語教育語彙表」、「機能語用例データベース」、jReadabilityの3つのシステムは相互に補完するような関係を成しており、jReadabilityが文章全体の難易度を判定するのに対し、「日本語教育語彙表」は内容語の難易度を、「機能語用例データベースはごろも」は機能語の難易度をそれぞれ判定するという構成になっている。「機能語用例文データベースはごろも」の詳細については、堀他 (2016) を参照されたい。

[図10] 日本語教育語彙表

[図11] 機能語用例文データベースはごろも

4. 日本語を解析するウェブ基盤システムの活用

本節では、ウェブ基盤の日本語文章解析システムの具体的な活用例として、教材開発での利用と、「やさしい日本語」に向けた取り組みでの利用について示す。

4.1. 教材の選定と課題の作成

日本語教育における活用としてまず挙げられるのは、教材の選定や作成である。読解の授業においては、クラスのレベルに合わせた文章を提示することが不可欠である。特に、新聞・雑誌記事などのいわゆる「生教材」を選定する際には、文章の難易度を慎重に検討しなくてはならない。

従来、生教材に対しては、教師の直感のみを用いてレベル査定を行うのが一般的であった。しかし、jReadabilityのようなシステムを利用することにより、査定の精度を上げ、効率的に教材選定を行うことが可能になる。例え

ば、「テーマは適切だが、文章が難しいかもしれない」という場合、このようなシステムを用いることで、対象クラスの習熟度レベルに適切な部分とそうでない部分を判断し、書き換えや注釈が必要となる語彙や表現を特定することができる。

jReadabilityは、市販の教科書に含まれる文章に対しても有効な方法である。どの部分を重点的に指導すべきか、どの表現を新出語としてリストアップすべきかといったことが効率的に把握できれば、単に教科書の出版社が示す難易度表示に頼るだけでない、実践に即した教材の選定・利用が可能になる。

　授業用教材作成の延長として、試験や課題の作成にも役立つと考えられる。読解用テキスト、設問、注意事項に至るまで、試験や課題がそのクラスにとって適切な難易度の日本語で実施されているか、また、そのクラスの習熟度を測るためにふさわしい難易度になっているかを検討することができるだろう。

4.2. 「やさしい日本語」への言い換え支援

　近年、地震などの災害が発生したときに、外国人をはじめとする「書かれた日本語」に必ずしも通じていない人々に対して重要な情報や指示をいかに伝えるかということが問題となっている（庵他（編）2013）。この問題に対する取り組みの一環として行われているのが、「やさしい日本語」の活動である[1]。弘前大学人文学部社会学研究室では「やさしい日本語」作成のためのガイドライン（http://human.cc.hirosaki-u.ac.jp/kokugo/ej-gaidorain.pdf）を公開しており、その中で次のような一節が、かつて実際に行われたラジオ放送の一部として例示されている。

②けさ7時21分頃、東北地方を中心に広い範囲で強い地震がありました。
　大きな地震のあとには必ず余震があります。引き続き厳重に注意してください。
③今日　朝　7時21分、　東北地方で　大きい　地震が　ありました。　大きい　地震の　後には　余震<後から　来る　地震>が　あります。　気をつけて　ください。

②は、日本語母語話者に向けて放送された表現であり、③は「やさしい日本語」作成のためのガイドラインに従って言い換えた例である。②と③の言い換えは、弘前大学人文学部社会学研究室が人手で行ったものであり、弘前大学人文学部社会学研究室がjReadabilityを使って行ったものではないが、こうした言い換えの作成においては、jReadabilityが活用できると考える。

　表現の言い換えにおいては、言い換える語を発見する作業が重要であるが、目視によるチェックでは見落とす可能性がある。そこで、②をjReadabilityで処理すると、「テキスト詳細」画面で、使用されている語がレベルに応じて異なる色でハイライトされる（図12）。

[図12] 例②の処理結果（テキスト詳細）画面

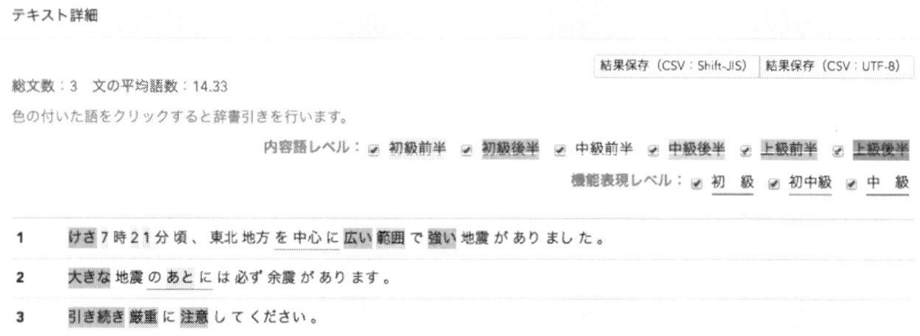

テキスト詳細

結果保存（CSV：Shift-JIS）　結果保存（CSV：UTF-8）

総文数：3　文の平均語数：14.33

色の付いた語をクリックすると辞書引きを行います。

内容語レベル：☑ 初級前半　☑ 初級後半　☑ 中級前半　☑ 中級後半　☑ 上級前半　☑ 上級後半

機能表現レベル：☑ 初　級　☑ 初中級　☑ 中　級

1　けさ7時21分頃、東北地方を中心に広い範囲で強い地震がありました。

2　大きな地震のあとには必ず余震があります。

3　引き続き厳重に注意してください。

　図12によると、「範囲」「厳重」は中級後半に相当する語であり、「引き続き」は上級前半に相当する。さらに、「余震」は日本語教育語彙表に含まれていない高度な語であるため、どの色でもハイライトされない。

　jReadabilityでは、図12をもとに、表現の再検討ができるほか、言い換えた文章全体の評価においても活用できる。具体的には、②と③の文章としてのやさしさを評価すると、図13のようになる。

　図13のとおり、②のラジオ放送は中級前半（ふつう）であるのに対して、③の言い換え例は初級前半（とてもやさしい）になっていることが確認できる。

[図13]「やさしい日本語」の評価

テキストの概要

総形態素数（異なり）を表示するには「語彙リストを出力」をオンに

文章難易度 *注	中級前半 ふつう
リーダビリティ・スコア	3.61
総文数	3
総形態素数（延べ）	43
総形態素数（異なり）	36
総文字数（記号・空白を含む）	69
一文の平均語数	14.33

例②の解析結果

テキストの概要

総形態素数（異なり）を表示するには「語彙リストを出力」をオンに

文章難易度 *注	初級前半 とてもやさしい
リーダビリティ・スコア	5.78
総文数	3
総形態素数（延べ）	54
総形態素数（異なり）	33
総文字数（記号・空白を含む）	75
一文の平均語数	18.0

例③の解析結果

5. おわりに

　本章ではウェブ上の日本語文章解析システムの利点と制約を示すとともに、jReadabilityを中心としたいくつかの文章解析システムの使い方や機能を紹介した。また、それらが、日本語教育における教材・試験作成や、社会における「やさしい日本語」活動において有効に活用できることについて論じた。

　最後に、本章で紹介したツールがウェブ基盤であることの利点について考えてみたい。文章解析システムがウェブ上のサービスとして使えることには、2つの利点がある。第1に、ある入力テキストに対して一定した結果が得られるため、データの共有や、テキストの性質についての意見交換が容易なことが挙げられる。通常、文章難易度の判断は多分に主観的な作業であるが、コンピュータ上の解析プログラムを用いることによって、主観的な要素をできるだけ排除し、客観的な事実に基づいた処理が可能になる。このような処理の目的は様々であるが、日本語教育における利用であれ、コミュニケーションの円滑化のためであれ、複数人でのプロジェクトの一環として行われることが少なくない。地理的に離れた場所での作業となることもあるだろう。このようなとき、ウェブ基盤のシステムであれば、個々人の環境の差に影響されることなく、どこでも同じように処理を進められるため、データの共有はもちろん、結果や分析の妥当性を相互に検証することも容易となる。

　第2に、ウェブ基盤のシステムであれば、基本的なプログラムが個々の端

末ではなくインターネット上のサーバーで運用されるため、処理の精度や効率を向上させるための改良が容易である。コンピュータによる文章解析では、統計的情報の取得や形態素解析を行う複数のプログラムが実行される。また、語や形態素の意味や文法的特性を格納した辞書データが必要となる。ネット上のサービスとして実装されていれば、システムの改善や修正を行う際、サーバー上のプログラムだけを更新すればよく、新たに開発された自然言語処理ツールや辞書データを柔軟に取り入れたシステムの構築と提供が可能である。また、ウェブ基盤のシステムでは、ユーザーからのフィードバックを得ることが比較的容易なため、実際の使用状況データを確認しながら、必要に応じて処理精度の改善や機能追加を行うことができる。

　近年、自然言語処理技術の発展によって、文章を構成する様々な要素の属性を取得することが容易になってきた。今後、さらに高精度な処理が可能になり、コンピュータによる文章解析の範囲は拡大していくと思われる。しかし、最終的に文章を理解するのは人であり、システムが示す結果は、あくまで一定の基準と公式に基づいて算出された指標にすぎない。ウェブ基盤の文章解析システムを有効に活用するためには、このことを心に留めておく必要がある。

●さらに勉強したい人のために

1　奥野陽・グラム ニュービッグ・萩原正人（2016）『自然言語処理の基本と技術』翔泳社
　ウェブ基盤の文章解析システムの多くが利用している自然言語処理技術について、専門的な知識を前提とすることなく初歩から解説する入門書である。できる限り数式を用いない説明を意識した構成になっており、実際のシステム開発に必要な知識を得る目的には向かないが、既存システムの基本的な仕組みを理解し、処理の結果を正しく利用するための知見を得る目的には適している。

2　柴崎秀子・玉岡賀津雄（2010）「国語科教科書を基にした小・中学校の文章難易度学年判定式の構築」『日本教育工学会論文誌』33(4): pp. 449–458. 日本教育工学会
　リーダビリティ研究に関する基本的な問題意識と現状について触れる。特に読解教育との関連について述べており、リーダビリティの教育的利用価値や研究の現状と課題を理解する目的に適している。(https://www.jstage.jst.go.jp/article/jjet/33/4/33_KJ00006063558/_pdf)

注

1　庵功雄氏を代表とする「やさしい日本語」研究グループでは、文章がどれだけ「やさしい日本語」として適格であるかを診断するウェブ基盤システムを公開している。(http://www4414uj.sakura.ne.jp/Yasanichi/)

参考文献

庵功雄・イヨンスク・森篤嗣（編）(2013)『「やさしい日本語」は何を目指すか―多文化共生社会を実現するために』ココ出版

小椋秀樹・小木曽智信・原裕・小磯花絵・冨士池優美（2008）「形態素解析用辞書UniDicへの語種情報の実装と政府刊行白書の語種比率の分析」『言語処理学会第14回年次大会発表論文集』pp. 935–938. 言語処理学会

佐藤理史（2008）「日本語テキストの難易度判定ツール『帯』」『Japio 2008 Year Book』pp. 52–58. 一般財団法人日本特許情報機構

柴崎秀子・原信一郎（2010）「12学年を難易尺度とする日本語リーダビリティ判定式『計量国語学』27(6): pp. 215–232. 計量国語学会

堀恵子・李在鎬・長谷部陽一郎(2016)「機能語データベース「はごろも」について」『計量国語学会』30(5): pp.275–285. 計量国語学会

Sato, Satoshi, Suguru Matsuyoshi, and Yohsuke Kondoh.(2008) Automatic Assessment of Japanese Text Readability Based on a Textbook Corpus. *Proceedings of the Sixth International Language Resources and Evaluation* (LREC '08): pp.654–660. The International Conference on Language Resources and Evaluation.

第3部

研究編
文章の科学を実践する研究

8 　学習者作文を科学する

李在鎬

概要

　本章では、日本語学習者の作文をテキストマイニングの方法で分析する手法について紹介する。具体的には、李（2017印刷中）が行った学習者の話し言葉と書き言葉の特徴を比較する研究、李（他）(2015) が行ったよい作文の定量的分析について紹介する。これらの研究は、形態素解析を基盤にして、数量化を行った上で、分散分析や重回帰分析などを行い、学習者の作文データを定量的に評価しているものである。このようなテキストマイニングの方法を用いた作文分析は、従来、教師が主観的に行う作文評価を否定するものではなく、主観による分析では明らかにすることが難しいところを明らかにできるという側面をもっている。

1.　はじめに

　テキストマイニングによる定量的分析手法は、学習者の作文がもつ多様性を明らかにできる手法として言語教育の分野では2000年代から注目されてきた。言語教育分野においてテキストマイニングの手法が注目される最大の理由は、個々の教師が主観的に評価してきた学習者の産出データの達成度に関してより科学的な分析ができるからである。

　本章で教師の主観的な評価と呼んでいるものには、2つの局面を考えられる。1つ目は評価指標の作成における主観性の問題、2つ目は作成した評価指標の評定プロセスにおける主観性の問題がある。1つ目の評価指標の作成に

おける主観性の問題とは、教師が学生の作文をみて、その良し悪しの基準を主観的に決める場合の問題である。2つ目の評定プロセスにおける主観性の問題とは、基準として決めた評価指標を用いて、配点を主観的に決める場合の問題である。具体的には、学習者の意見文の達成度を評価する基準として、「語彙の豊かさ」や「文と文のつながりが自然さ」や「主張のオリジナリティの有無」などの評価指標を導入し、それらの評価指標に対して、5段階で評定をするといったタスクをイメージするとよい。この2つの主観性の問題は本質的に表裏一体のものと考え、テキストマイニングの方法による代替案となる分析例を紹介する。とりわけ、1つ目の問題を統計的な手法で解決し、2つ目の問題を使用頻度の分析で解決する手法を紹介する。

　以下では、2つの日本語学習者の作文分析の事例を紹介する。1つ目は李 (2017印刷中) が行った書き言葉と話し言葉の特徴を比較することによって書き言葉としての作文の特徴を明らかにした研究、2つ目は李 (他)(2015) が行った「良い作文」とは何かを定量的な分析モデルで明らかにした研究である。これらの研究は、日本語学習者の熟達度を異なる観点から捉えたものである。アプローチの面でみた場合、李 (2017印刷中) は、日本語の熟達度と産出モードの関連を語彙使用の観点から明らかにしているが、李 (他)(2015) は、特定のレベルにおいてよい作文とそうでない作文の境界を明らかにしている。データの面でみた場合、李 (2017印刷中) は学習者の言語使用を直接的に観察し、結果をまとめているのに対して、李 (他)(2015) は日本語教師の評価の裏側を探ることを目的にデータを整理している。しかし、いずれの研究も第4章で紹介した方法を使い、文章分類における評価基準を明らかにしており、第10章の難易度判別と同じ前提を共有するものである。

　次の順で考察を行う。まず、2節では、李 (2017印刷中) の研究例を紹介する。次に3節では、李 (他)(2015) の研究例を紹介する。最後に4節では、両方の研究の基礎になっている定量的分析手法に対する筆者の見解を述べ、関連研究への応用につなげたい。

2. 学習者の作文における語彙使用について

2.1. データと方法

　李 (2017印刷中) では計量言語学の定量的手法を用いて、語彙使用の観点から学習者の話し言葉と書き言葉の特徴を分析している。話し言葉のデータとして「タグ付きKYコーパス」(李2009)、書き言葉のデータとして「日本語教育のためのタスク別書き言葉コーパス」(以下、YNU書き言葉コーパス) を対象に調査を行った。

[表1] 難易度判定システムの比較

コーパス	初級（下位）	中級（中位）	上級（上位）	総計
タグ付きKYコーパス	13,128	71,365	104,929	189,422
YNU書き言葉コーパス	28,164	35,189	38,593	101,946
総計	41,292	106,554	143,522	291,368

単位：形態素

　表1では、データサイズを示している。李 (2017印刷中) では「タグ付きKYコーパス」の初級、中級、上級、「YNU書き言葉コーパス」の下位、中位、上位のデータに対して、2つの調査を行った。1つ目は難易度別の語彙使用に関する調査、2つ目は語種の分布に関する調査である。

　1つ目の難易度別の語彙使用とは、「日本語教育語彙表」(Sunakawa et al. 2012) に準拠して行った。なお、「日本語教育語彙表」とは、日本語教育用の語彙データベースであり、17,920語の見出し語で構成されている。この語彙表には、すべての見出し語に対して、6段階の難易度「初級前半語彙、初級後半語彙、中級前半語彙、中級後半語彙、上級前半語彙、上級後半語彙」の情報がついており、本調査では、学習者の産出データにおいて、「日本語教育語彙表」のどのレベルの語彙がどれだけ使用されているかを調査した。

　2つ目の語種とは、単語の系統的分類であり、和語、漢語、外来語、混種語の使用率に対する調査であるが、以下では、語彙難易度に関する考察を中心に紹介する。語種に関する詳細は、李 (2017印刷中) を参照してほしい。

2.2. 調査結果

　李 (2017印刷中) では、語彙難易度に関する調査結果として、次の点を明らかにした。まず、話し言葉のデータとして「タグ付きKYコーパス」を分析したところ、初級前半語彙と中級前半語彙が熟達度の差に密接に関連していることが明らかになった (図1)。次に、書き言葉のデータとして「YNU書き言葉コーパス」を分析したところ、初級後半語彙と中級前半語彙と上級前半語彙が熟達度の差に密接に関連していることが明らかになった (図2)。

[図1]「タグ付きKYコーパス」の分析結果

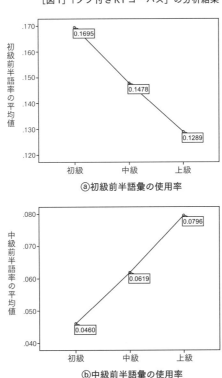

ⓐ初級前半語彙の使用率

ⓑ中級前半語彙の使用率

　図1では、「タグ付きKYコーパス」の分析結果を示した。横軸は熟達度を示すもので、初級、中級、上級からなる。縦軸は語彙の使用率である。例え

ば、図1の@は、「日本語教育語彙表」の初級前半語彙の平均値の推移を表
しており、初級では16.9%が、中級では14.7%が、上級では12.8%が初級前
半語彙によって構成されていることを示す。図1@の結果から、レベルがあ
がるにつれて、初級前半語彙の使用率が下がっていく実態が確認できる。な
お、一元配置分散分析で初級、中級、上級のデータにおける初級前半語彙の
使用率を統計的に調べた結果、有意な差がみられた（$F_{(2,72)}=10.31, p<.001$）。

　次に、図1⑥を注目すると、レベルがあがるに連れて、中級前半語彙の使
用率があがっていく実態が確認できる。初級前半の語彙はいわゆる基本語彙
に相当するものであり、これらの語彙使用が減っていくのに対して、比較的
難しい中級前半の語彙使用が増えていく実態が確認できた。中級前半語彙の
使用率に関しても、一元配置分散分析で初級、中級、上級のデータにおける
中級前半語彙の使用率を統計的に調べた結果、有意差がみられた
（$F_{(2,72)}=40.45, p<.001$）。なお、統計的に有意な差が確認できたのは、中級後半レ
ベルまでの語彙であり、上級レベルの語彙に関しては、熟達度の違いによる
使用傾向の差は確認できなかった。

　「YNU書き言葉コーパス」についても同様の分析を行ったところ、図2の
結果になった。一元配置分散分析による統計量は図の右下に示す。

　図2の横軸は熟達度に対応しており、下位、中位、上位からなる。縦軸は
語彙の使用率の平均値である。李（2017印刷中）の報告では「YNU書き言葉
コーパス」においては初級前半、初級後半、中級前半、中級後半、上級前半
の語彙の使用率に関して、有意差が認められたと報告している。

　「タグ付きKYコーパス」と比較した場合の結果として、2点の興味深い事
実が明らかになった。1つ目は、「タグ付きKYコーパス」のように熟達度が
あがるにつれ、一貫して増えていく、あるいは、減っていくというパターン
ではない点である。「YNU書き言葉コーパス」では、いわゆるV字型ないし
は逆V字型の分布をみせている。2つ目は「タグ付きKYコーパス」では上級
レベルの語彙に関しては、熟達度の違いによる使用傾向の差は確認できな
かったが、「YNU書き言葉コーパス」では、上級前半レベルの語彙に関して
も使用率の差がみられたのである。

　図2の傾向に注目すべき点として、下位グループでは初級後半の語彙の使
用率が中位グループより高く、中位グループでは中級語彙の使用率が高く

[図2]「YNU書き言葉コーパス」の分析結果

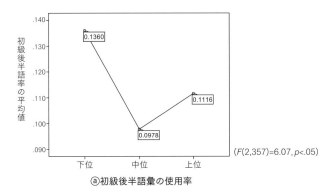

(*F*(2,357)=6.07,*p*<.05)

ⓐ初級後半語彙の使用率

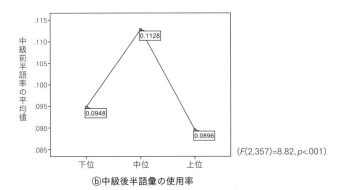

(*F*(2,357)=8.82,*p*<.001)

ⓑ中級後半語彙の使用率

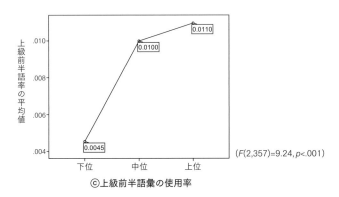

(*F*(2,357)=9.24,*p*<.001)

ⓒ上級前半語彙の使用率

なっている点である。さらに、上位グループでは上級語彙の使用率が高くなっている。これらの事実を整理した場合、「タグ付きKYコーパス」のような順序性こそないものの、語彙の難易度と熟達度がゆるやかには対応していることになる。つまり、初級後半レベルの語彙は、下位グループ、中級前半レベルの語彙は、中位グループ、上級前半レベルの語彙は、上位グループにおいてもっとも多く使用され、作文の達成度を示す「下位・中位・上位」と語彙の難易度を示す「初級・中級・上級」が重なりをみせていることが明らかになった。このことをめぐっては、慎重に解釈する必要があるが、この事実が偶然でないとするなら、会話と作文の違いが関係していると考えられる。リアルタイムで言葉を作っていく会話に比べ、作文の場合は、思い出しながら言葉を探していくという産出プロセスの差が関係している可能性がある。

2.3. 作文と熟達度の関係を捉える

本節では、作文と熟達度の関連をより具体的に検討すべく、下位、中位、上位の作文例と語彙難易度の関係を確認したい。具体例として、「YNU書き言葉コーパス」のタスク6をとりあげる。なお、「YNU書き言葉コーパス」のデータ収集プロセスに関しては金澤 (編)(2014) に詳述されているので、合わせて参照してほしい。

まず、タスク6がどのような作文課題であったかを確認する。

タスク

> 経営難のため、あなたの町では、市民総合病院の閉鎖が検討されています。この病院には近隣の町にはない産婦人科、リハビリテーション科があり地域住民への影響が心配されます。現行の診療体制での存続を求め、あなたの意見を新聞に投書してください。

金澤（編）(2014:9)

上述のタスクに対する具体例として、下位学習者、中位学習者、上位学習者の事例をとりあげる (紙幅の都合上、原文の改行コードは削除した)。

下位学習者の作文例（出典ID：R_task_06_C025）

市民綜合病院は経営不況ので、今年年末は閉院することが聞いています。私はこの病院が続けたほうがいいと思います。この市民病院の婦人科と康復中心はこの付近の病院にありませんでした。もしこの病院が閉まるなら、ここに住んでいる居民にとっては本当に不便でした。この辺りは老人と婦人が多いので皆なこの病院が保存してほしいと言って、ほかの病院は遠くて不便でした。病院はそんな簡単に閉めることはできないだろう。経営不況になっても、政府が居民に考えて、支援してほしいと思います。私達はマスコミの力を信じて、政府によく考えて、この病院を保存したいと思います。よろしくお願いします。

中位学習者の作文例（出典ID：R_task_06_C042）

〇〇市民総合病院は、婦人科と健康回復センターを持つ、大型綜合病院である。しかし、近年の経営上の困難が問題で、病院の経営を停止する可能性を考えています。しかし、付近の住民にとって、〇〇市民総合病院は他の病院にない健全な施設を持つ病院であり、なくてはならない病院です。もし、病院側が経営を停止すると、付近の住民はとても困ります。ですから、今の苦しい医療体制の下でも、病院側が住民のために続けて頑張って欲しです。医療施設はやはり住民達にとって、一番大切な存在であります。本当に住民達の立場になって慎重に検討していただきたいと思います。

上位学習者の作文例（出典ID：R_task_06_C047）

経営難で市民綜合病院が閉鎖されると聞いたが、市民綜合病院にはこの地域にない産婦人科とリハビリセンターを持っていて、閉鎖されると、近隣の住民たちが産婦人科とリハビリセンターに通う場合は、隣区の病院に行かざるを得ないことになってしまう。この二つの科を通う人は基本的には大きなお腹を抱えている妊婦さんや足腰の悪い年配の方である。妊婦さんと年配の方はすでに行動不便にもかかわらず、遠方に足を運んで通院するのは気の毒である。病院は経営だけではない。病や痛みから人間を救くうのは医療の本来のありかたではないかと思われる。どうか読者の皆様の力を借りて現医療体制の元で市民綜合病院の閉鎖について考え直していただけないだろうか。

これらのデータを語彙難易度の頻度からみると、表2の結果になる。

[表2] 作文の語彙難易度別の度数表

区分	レベル	初級前半	初級後半	中級前半	中級後半	上級前半
6_C025	下位	21	33	12	17	0
6_C042	中位	7	26	23	24	0
6_C047	上位	18	16	20	35	7

　表2では、6_C025、6_C042、6_C047の作文にみられる語彙の延べ頻度を難易度別に集計している。語彙の具体例として主なものを以下に挙げる。

①初級前半語彙の例：この、ない、ある、～さん、私、する、足、悪い
②初級後半語彙の例：病院、思う、なる、とる、しかし、もつ、考える
③中級前半語彙の例：住民、市民、～方、通う、センター、～科、～側、停
　止、市民
④中級後半語彙の例：綜合、経営、不況、医療、年配、妊婦、婦人、施設、
　付近、政府
⑤上級前半語彙の例：近隣、リハビリ、閉鎖、～難

　表2の度数表および語彙の具体例をみると、下位の場合、初級後半語彙と初級前半語彙が、中位の場合、初級後半語彙と中級前半語彙と中級後半語彙、上位の場合、中級後半語彙が際立って多く使用されていることが確認できる。また、上位の場合、下位や中位では全く使用されていない上級前半の語彙が延べ頻度で7回、使用されている。これらの実態を総合的に判断した場合、レベルがあがるにつれ、語彙の難易度も難しい方にスライドしていると考えられる。

　断片的ではあるが、以上の観察によって、作文全体の差と語彙難易度の分布が緩やかに関連していることが示唆された。また、下位、中位、上位の熟達度の全体的な差を説明する要素として、初級後半、中級前半、中級後半の語彙の度数がレベルの差を説明する要素として重要であることが示唆される。

　当然のことながら、難易度別の語彙の使用頻度だけが作文の熟達度に説明

しているわけではない。上記の3つの作文を目視すると、習熟度の差に関連すると思われる要素は様々である。例えば、語彙使用の言語的適切さ、文体の混用有無、内容面の濃さ、文と文のつなぎ方、主張の新規性など、多種多様な要素が関係している。具体的には下位と中位の作文は、である体と丁寧体が混用されているのに対して、上位の作文は、である体で統一されている。テキストマイニングによる作文分析では、文体の問題や言語的適切さや内容の問題が語彙の使用と無関係ではないという前提に立っており、李 (2017 印刷中) の場合、難しい語彙をどの程度使っているのかという観点から、熟達度の問題にアプローチしているのである。

3. よい作文の探求

　良い作文とは何かという問に対しては、教師の見方によっても違うであろうし、作文の課題によっても違うであろう。この問いに対する普遍的な回答を得るのは、容易ではない。李 (他)(2015) は、データ科学的な観点から、教師がよく書けていると判断した作文とあまりよいとはいえない作文にみられる言語的特徴を明らかにしている。李 (他)(2015) が目指したのは、作文の良し悪しの判断において、評価者に依存しない客観的評価指標を抽出することであり、さらにはコンピュータによる自動評価への貢献である。

3.1. データと方法

　李 (他)(2015) では、2012年から2013年にかけて収集したＴ大学の「書く」クラスにおける中上級学習者の手書き作文データ582件 (総文字数163,402文字、総語数106,880) を分析した。分析データのサイズを表3に示す。
　表3では、李 (他)(2015) で用いた中上級学習者の作文件数と各作文の長さに関する基本情報を示している。なお、一作文あたりの平均語数は、形態素解析辞書の「UniDic」の短単位に基づいて算出している (UniDicの詳細は7章参照)。
　表3の分析データにおける熟達度レベルは、Ｔ大学が実施しているプレースメントテストによって判定されたものであり、作文そのものに対する判定ではない点に、注意してほしい。そして、作文は初回授業時にレベルチェッ

[表3] 李（他）(2015) の分析データ

熟達度レベル	作文件数	一作文あたりの平均文字数	一作文あたりの平均語数
中級の下	214	258.9	168.3
中級の上	179	287.0	189.5
上級の下	94	280.3	183.2
上級の上	95	318.8	207.6

ク目的で行ったもので、20分程度で書いてもらったものである。作文のテーマはすべて共通しており、「作文学習の目的」について書いてもらった。このような手順で収集したデータに対して以下の処理を行った。

・ステップ1：コースの担当教員による達成度評価
・ステップ2：該当テキストの言語処理と数量化
・ステップ3：統計分析

　まず、ステップ1として、各コースを担当した教員が、全作文に目をとおし、当該レベルとして、非常によくかけている作文（A判定作文）と当該レベルとして、よいとはいえない作文（C判定作文）をそれぞれ10編ずつ選んだ。作文の判断基準は、担当教師の主観による総合的な観点から行っており、評価用ルーブリックなどは使用していない。本研究は、担当教師の総合的観点の中身を計算モデルで再構築することを目的としているため、あえて評価基準を事前に打ち合わせることなく、行ったのである。

　分析では、A判定とC判定のもの以外に、どちらにも属さない作文（＝よいとも悪いとも言えない作文）をB判定作文とし、10編を任意で選んだ。このような手順により、よい作文（A判定作文）、まあまあの作文（B判定作文）、悪い作文（C判定作文）を10編ずつ選択した。結果的には、熟達度（4水準）×作文の達成度（3水準）×10編の120テキストを分析データとして決定した。

　次に、ステップ2として、120編の作文データを形態素解析し、延べ語数や異なり語数、さらには動詞や名詞類の使用頻度、「日本語教育語彙表」の難易度別の語彙の使用頻度を調査した。

　最後に、ステップ3では、IBM SPSS ver.22を使用し、A、B、Cの達成度ス

ケールを従属変数、数量化に用いた変数を独立変数に指定し、分散分析と決定木分析を行った。以下では、分散分析の結果を報告する。

3.2. 結果と考察

「中級の下」レベルでは、合計文字数や内容語の総頻度において、達成度の差が確認された。

図3では、中級の下の作文データの分析結果を示している。グラフの横軸は達成度（A（よい作文）、B（まあまあの作文）、C（悪い作文））であり、縦軸は文字数や内容語の出現頻度の平均値である。例えば、図3ⓐをみると、A判定の作

[図3] 中級の下の分析結果

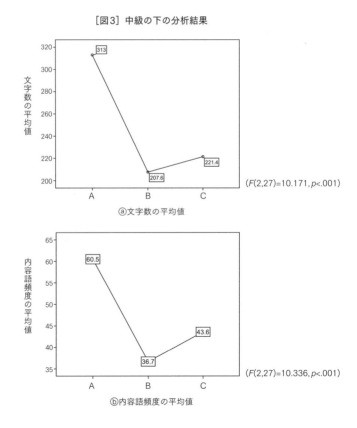

ⓐ文字数の平均値

$(F(2,27)=10.171, p<.001)$

ⓑ内容語頻度の平均値

$(F(2,27)=10.336, p<.001)$

文は平均313文字、B判定は207.6文字、C判定は221.4文字であり、分散分析の結果としても有意差がみられた。なお、B判定とC判定の差については、Turkey法による多重比較の結果から有意な差はみられなかった。図3ⓑに示した内容語の頻度も図3ⓐと同じ傾向を示している。これらの事実を踏まえた場合、中級の下レベルでは、ある程度の長さをもち、内容語の総出現頻度が作文の良し悪しに影響を与えていると考えられる。

　次に「中級の上」レベルでは、初級前半語彙や内容語の比率において有意差が確認された（図4）。内容語の比率とは、全体の作文における内容語の使用率のことである。

　図4の差は、語彙の質的な属性による差として説明できる。特に内容語の

[図4] 中級の上の分析結果

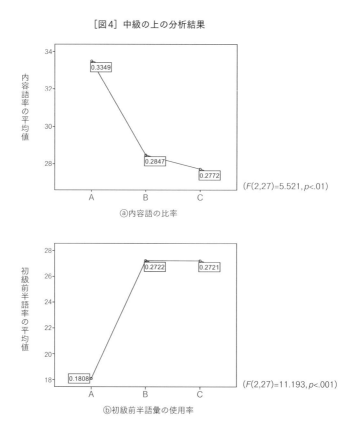

ⓐ内容語の比率

$(F(2,27)=5.521, p<.01)$

ⓑ初級前半語彙の使用率

$(F(2,27)=11.193, p<.001)$

相対的な使用率が高いほどよい作文であると判定されている（図4–ⓐ）。この内容語の比率は、作文における内容の濃さを反映しているものと考えられる。また、語彙難易度の部分では、初級レベルのやさしい語彙が多いほど、C判定もしくはB判定になっており、語彙の難易度も判定に影響していると考えられる（図4–ⓑ）。

　次に、「上級の下」レベルでは1単語の平均的な長さにおいて統計的有意差が確認された（図5）。これは、語彙知識として長い語彙を知っているかどうかの差として説明できる。

　最後に「上級の上」レベルでは、一文の平均的な長さにおいて、熟達度による産出頻度の統計的有意差が確認された（図6）。これは、複雑な文章作成の

[図5] 1単語の平均長

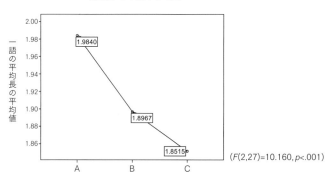

$(F(2,27)=10.160, p<.001)$

[図6] 平均文長の平均値

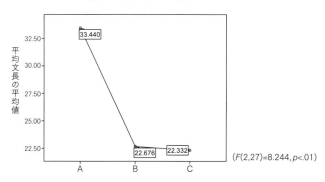

$(F(2,27)=8.244, p<.01)$

能力の差として説明できる。つまり、複文などのように一文の物理的な長さが重要な要因として関与しているのである。

　以上の結果から得られる示唆として、日本語教師にとってよい作文という（達成度に関する）判断は、学習者の熟達度によってかなり異なるという事実が明らかになった。全体的な傾向として、中級では語彙によって表現される内容面の豊かさや作文全体の長さが重要な要因になっている。一方、上級では語の長さや1文の長さなどがよい作文かどうかを決める要因になっており、どの程度、高度に表現できるかという観点が重要になっていると考えられる。

4.　定量的モデルによる作文分析

　本章で紹介した李 (2017印刷中) および李 (他)(2015) は、分析の方法論において、次の共通点がある。①形態素解析を用いて作文に対して単語の認定を行っている点、②分散分析のような統計的な方法論を用いて作文を評価している点である。

　まず、形態素解析に関しては、「茶まめ」というシステムを使用している。「茶まめ」に関する詳細は、第7章を参照してほしい。学習者の作文データを形態素解析することに対しては、解析自体が間違ってしまうこともあり、賛否両論ある。特に、日本語学習者にみられる誤用文を解析した場合、入力文の段階で、すでに間違っているので、解析結果も間違ったものになることが多く、ある意味では当然のことである。

　筆者の立場としては、誤解析が起こりうるという問題を認識することは、非常に重要なことであるが、誤解析そのものは研究の障害要素ではないと考えている。その理由として、2つ考えられる。1つ目は、学習者のレベルにもよるので一概には言えないが、李 (他)(2015) で取り上げていた中上級の学習者の場合、誤用例は絶対数としてそれほど多くないので、分析結果に重大な悪影響を与えるものではない。2つ目は、計量的研究において単語を認定する作業や品詞情報を付与する作業は、基礎分析に相当するものであり、形態素解析を使うことで実現できる作業である。形態素解析を使わずに、文字列だけで分析を行うこともももちろん可能であり、山内 (2004) のような n-gram 統計 (▶第6章4.1.1節、第9章5.1節) を使った先行研究もあるが、こうした分析に

よって明らかにできることは非常に限られている。以上の事情を踏まえた場合、形態素解析のメリットを活かし、学習者の作文分析において積極的に用いる姿勢がよいと考える。

　次に、形態素解析を行った上で、何らかの特徴をもとに集計を行うが、集計した結果を効率的に処理するためには、統計的な分析は不可欠である。李 (2017印刷中) や李 (他)(2015) では、分散分析を用いて、使用頻度と熟達度の関連の度合いを明らかにしている。分散分析とは、推測統計で用いられる仮説検定の方法である。

　推測統計とは、手元にあるサンプル (抽出集団) から母集団 (抽出元) の特徴や性質を推定する統計学の分野である。複数の集団の平均値を比較した結果として、何らかの差がみられた場合、その差に意味づけができるかどうかを調べる目的で行うものである。サンプルの集団数が2つの場合 (例えば、日本語ができる集団、日本語ができない集団) には、t 検定を行い、3つ以上の場合 (例えば、初級の集団、中級の集団、上級の集団) には、分散分析を用いて行う。実際の分析は、コンピュータプログラムを用いて行う。コンピュータプログラムとしては、「R (https://www.r-project.org/)」のようなフリーライセンスで利用可能なソフトウェアもあるが、キーボード入力で関数を入れたり、データを指定するといったやり方に慣れていない人にはおすすめできない。高価ではあるが、「IBM SPSS Statistics」のようなプログラムを使えば、マウス操作で分析が実行でき、ソフトウェアの操作も比較的短時間で習得できる。分析のための学習時間なども含めてトータルコストから考えてみた場合、有償のソフトウェアを使ったほうが低コストで済む。統計分析の詳細は、石川 (他)(2010) を参照してほしい。

　最後に、テキストマイニングによる作文分析の限界についても述べておく。言語教育的観点から、学習者の作文を分析する場合は、言語表現面の適切さや意味的な深み、さらには、内容の濃さ、文章の論理構成のよさなどの観点が重要であることはいうまでもない。しかし、こうしたことをテキストマイニングの方法で、機械的に分析することは現時点の技術では困難である。現時点の言語教育におけるテキストマイニングによる分析では、上述の形態素解析の限界なども踏まえた上で、文の長さや語の使用傾向を分析しているが、こうした属性は言語表現面の適切さや意味的な深みといった要素と

相関関係にあると考えている。この相関関係を前提に、学習者の言語能力を確率論的に示しているものと考えるべきであろう。

5.　おわりに

　本章では、学習者の作文データのテキストマイニングによる分析例として2つの研究を紹介した。いずれの研究も、言語処理やデータ科学の方法を活用した分析であり、日本語教育、外国語教育の分野において今後の深化と拡張が期待される手法であるといえる。最後に、本章で紹介した分析と従来の主観に基づく分析の関係について考えてみたい。

　教師の勘による質的分析を主観的、コンピュータによる統計的分析・量的分析を客観的と位置づけ、後者こそが科学的であるという主張もしばしみられるが、筆者は、両者は本質的に競合するものではないと考えている。とりわけコンピュータ処理に基づく定量的分析は、質的分析では明らかにするのが難しい特徴を明らかにできるというところに注目すべきと考える。文の長さをはかったり、語の使用傾向をはかったりすることは、内省では分析が難しい。しかし、コンピュータにとっては比較的単純な計算である。反対に、前節でも述べたとおり、文章の論理構成や文体の首尾一貫性や言語表現面の適切さといった属性は、コンピュータにとっては非常に難しい分析タスクである。こうした現状を考えると、質的分析と定量的分析は、相互補強的な関係にあるとみるべきであろう。

———

●さらに勉強したい人のために
1　岸江信介・田畑智司（編）(2014)『テキストマイニングによる言語研究』ひつじ書房
　　日英語の様々な言語事実をテキストマイニングの手法で分析した10編の研究論文が収録されている。テキストマイニングにおけるデータの扱い方や多様な分析手法を知る上で有用といえる。
2　小林雄一郎（2017)『Rによるやさしいテキストマイニング』オーム社
　　「R」をベースに説明している点で、若干、ハードルの高さはあるが、全10章において初学者に向けてテキストマイニングの分析手法を丁寧に解説している。パート1では、基礎編として、テキストマイニングの入門的説明や理論的枠組みについての解説があり、パート2では、データファイルの作り方についての説明があり、はじめて統計分析にふれる人にとっても有用な1冊といえる。

資料

「日本語教育語彙表」：http://jhlee.sakura.ne.jp/JEV.html で配布（2017年8月閲覧）

「タグ付き KY コーパス」：http://jhlee.sakura.ne.jp/kyc/corpus/ で配布（2017年8月閲覧）

「YNU 書き言葉コーパス」：金澤（編）(2014) に CD-ROM で収録

参考文献

石川慎一郎・前田忠彦・山崎誠（2010）『言語研究のための統計入門』くろしお出版

金澤裕之（編）(2014)『日本語教育のためのタスク別書き言葉コーパス』ひつじ書房

山内博之(2004)「語彙習得研究の方法─茶筌と N グラム統計」『第二言語としての日本語の習得研究』7: pp.141–162. 第二言語習得研究会

李在鎬（2009）「タグ付き日本語学習者コーパスの開発」『計量国語学』27(2): pp.60–72. 計量国語学会

李在鎬（2017印刷中）「学習者の語彙使用は習熟度を反映しているか」『学習者コーパスと日本語教育研究』くろしお出版

李在鎬・木戸光子・加藤あさぎ・小浦方理恵(2015)「「良い作文」に対する定量的分析」『日本語教育学会2015年秋季大会予稿集』pp.211–216. 日本語教育学会

Sunakawa, Yuriko, Lee, Jae-ho, and Takahara, Mari (2012) The Construction of a Database to Support the Compilation of Japanese Learners Dictionaries, *Acta Linguistica Asiatica 2(2),* pp.97–115.

9 英語の自動作文評価

小林雄一郎

概要

　近年、言語テストにおいて、自動評価が大きな注目を集めている。その背景には、教育環境におけるコンピュータの整備、データ解析技術の発達、グローバル化による外国語学習者の増加、などがある。そして、自然言語処理や機械学習などの人工知能技術の発達によって、多肢選択問題や空所補充問題だけでなく、構築応答項目（自由回答）の自動評価も可能になった。
この章では、近年大きな注目を集めている英文の自動評価技術について紹介する。主な英文自動評価システムを概観したあと、言語テストにおける信頼性と妥当性の問題を議論する。また、英文自動評価システムの実装のための評価項目リスト、学習者データ、統計処理プログラム、の活用について述べる。そして、著者らが行った英語科学論文の質判定実験の結果に基づき、どのような評価項目（特徴量）と統計手法（分類器）の組み合わせが有効であるのかを探索する。

1.　はじめに

　近年、言語テストにおける自動評価が大きな注目を集めている。その背景には、①教育環境におけるコンピュータの整備、②データ解析技術の発達、③グローバル化による外国語学習者の増加、などがある。まず、コンピュータを用いたテストの利点として、テストの配布や回収が自動化できること、従来のペーパーテストよりも大量の答案の管理が容易になること、事前に用意し

たアイテムバンクから問題をランダムに出題できること、採点が自動化もしくは半自動化されること、学習者の言語能力に合わせた適応型のテストが実施できること、遠隔地での受験が可能になること、などが挙げられる。

そして、自然言語処理や機械学習などの人工知能技術の発達によって、多肢選択問題や空所補充問題だけでなく、構築応答項目（自由回答）の自動評価も可能になった。例えば、アメリカでは、TOEFL iBT（Test of English as a Foreign Language Internet-Based Test）のような英語検定試験のみならず、GMAT（Graduate Management Admission Test）やMCAT（Medical College Admission Test）などの大学院進学試験にもライティングの自動採点システムがすでに導入されている。さらに、TOEFL Practice Onlineでは、スピーキングの自動採点システムが運用されている。

現在、ライティングやスピーキングの自動評価システムは、いまだ発展段階にあり、人間の評価者の完全な代替となってはいない。しかしながら、グローバル時代に対応した英語学習者の増加、大学進学率の上昇などの社会的要因によって、大量の学習者の言語能力を効率的かつ客観的に測定するための技術が強く求められている。実際、韓国ではKICE（Korea Institute for Curriculum and Evaluation）という国立機関で韓国人学習者の英語力を自動評価するための研究が進められており、日本でも2020年以降の大学入試における自動評価システムの導入が検討されている。

本章では、最初に主な英文自動評価システムを概観し、自動採点の妥当性と信頼性について議論する。次に、自動評価システムの実装に関わる手順と課題を解説し、著者らが行った研究事例を紹介する。なお、先行研究において、「自動採点（automated scoring, automated grading）」と「自動評価（automated evaluation）」という2つの用語は、ほぼ同義語として使われている。しかし、厳密にいえば、前者は学習者の応答に対してスコアのみを返す処理を指し、後者はスコア以外の様々なフィードバックも返す処理を指す。

2.　主な英文自動評価システム

世界最初の本格的な英文自動評価システムは、Ellis Batten Pageが1960年代半ばに開発したPEG（Project Essay Grade）である。このシステムでは、平均文長

やパラグラフの数といった言語情報を手がかりに、重回帰分析という統計手法を用いて、学習者のライティング能力を推定している。PEG は、1990 年代に大幅に改訂され、ウェブ上での受験も可能になった (Page 2003)。

PEG のバージョンアップとほぼ同時期に、Vantage Learning 社が IntelliMetric という自動評価システムを公開した。このシステムは、意味的、統語的、談話的な言語情報を含む 300 以上の評価項目に基づき、ニューラルネットワークなどの人工知能技術を用いて、ライティングの評価を行っている (Elliot 2003)。

また、Thomas K. Landauer たちが開発した IEA (Intelligent Essay Assessor) は、LSA (latent semantic analysis) という手法を用いて、ライティングの形式面だけでなく、内容面も自動評価しようとしている (Landauer, Laham, and Foltz 2003)。 この手法

Column

機械学習

　機械学習とは、人間のもつ学習能力をコンピュータにもたせることを目指す人工知能の研究分野である。簡単にいうと、コンピュータを使って、データから何らかのパターンを発見（学習）することである。そして、多くの場合、発見されたパターンは、新たなデータの予測に活用される。機械学習の技術を用いることで、手作業では扱えないような大量のデータを高速で処理できるようになる。さらに、パターンを発見するための十分な量のデータを用意すれば、人間が判断するよりも高い精度の予測を行うこともできる。

　機械学習では、目的変数と説明変数という 2 種類のデータが用いられる。目的変数は、ケースやクラスとも呼ばれ、予測の対象となるデータである。また、説明変数とは、特徴量や素性とも呼ばれ、予測の手がかりとするデータを指す。

　機械学習の主な用途は、回帰と分類である。回帰では量的なデータが目的変数となり、分類では質的なデータが目的変数となる。例えば、英文の自動採点をするにあたって、TOEIC の点数のような量的データを予測する場合は回帰、CEFR レベルのような質的データを予測する場合は分類となる。

　言語研究において機械学習がよく使われているのは、著者推定の分野である。例えば、金・村上（2007）は、機械学習の分類手法を用いて、文学作品、作文、日記などのテキストの書き手を自動で同定している。また、金（2009）は、機械学習の回帰手法を用いて、芥川龍之介の作品が執筆された時期を推定している。

は、使用語彙の頻度情報に基づいて、複数のライティングの内容がどの程度類似しているのかを数学的に測るものである。

　そして、現在最も有名な英文自動評価システムは、ETS (Educational Testing Service) が開発したe-raterである。このシステムでは、最先端の自然言語処理技術を駆使し、語彙、統語、談話といったライティングの様々な側面を計量的に評価している (Burstein 2003)。さらに、このシステムはCriterionというウェブベースのフィードバックツールにも実装されており、教育現場で広く活用されている。

3.　英文自動評価システムの信頼性と妥当性

　言語テストを開発する場合には、妥当性と信頼性が重要となる。まず、テストの信頼性とは、同じ学習者に対して、同じ条件で同じ（ような）テストを行った場合、同じ結果が得られる程度である。そして、テストの妥当性とは、そのテストで測定しようとしている能力（構成概念）を正しく測定できている程度である。従来、機械による自動評価は、人間による評価と比べて信頼性が高く、妥当性が低いとされてきた (Williamson 2013)。逆にいえば、人間による評価は、機械と比べて構成概念の定義に優れているものの、評価結果の一貫性の点で劣るという主張である。

　人間による評価が多くの問題を抱えていることは、古くから指摘されてきた (Bejar, Williamson, and Mislevy 2006)。いかに熟練した評価者であったとしても、英文における顕著な特徴に引きずられて他の特徴についての評価が歪められたり（ハロー効果）、直前に読んだ英文が評価に影響を及ぼしたり（シークエンス効果）、評価尺度の中心に評価が引きつけられたりすることもある（中心化傾向）。また、人間の評価は、長時間の作業による疲労の影響を受ける場合もあるため、信頼性が低くなりがちである。それに対して、機械による評価は、同一の英文に対して常に同じ、一貫した結果を与える。従って、機械が人間よりも高い信頼性をもつという主張は正しい。

　しかしながら、自動評価システムの妥当性を議論するためには、機械に求められている妥当性とは何か、という点について深く考えなければならない (Bennett and Bejar 1998)。自動評価に対しては、機械が人間のように正しく判定す

ることは不可能である、という批判が繰り返し投げかけられてきた (Ericsson and Haswell 2006)。実際、ライティングの一貫性や言語の創造的な使用など、現在のデータ処理技術による自動評価が難しい面は存在する。しかし、これは必ずしも技術的な問題ではない。言語を自動評価する場合、人間の評価者と同じ評価項目を用いることが理想ではあるが、専門的な訓練を受けた評価者であったとしても、自分の評価基準に関する全てを理解している訳ではない (Attali 2013)。さらに、人間による評価も、彼らが批判する機械の評価と同様に、総語数や異語数といった言語の形式的な面や量的な情報の影響を色濃く受けているという報告もある (小林 2017, Kobayashi and Abe 2016)。

　また、自動評価の妥当性に関する研究は、妥当性そのものに関する研究の趨勢に大きく影響されてきた (Xi 2012)。それにともない、自動評価システムの妥当性の測定にあたっては、人間の評価との一致率、相関係数、信頼性係数などの様々な指標が用いられてきた。そして、最も広く用いられている人間の評価との一致率に関しても、完全に一致した評価のみを計算に用いる場合 (exact agreement)、習熟度尺度における1段階の誤差を許容する場合 (adjacent agreement) などのバリエーションが存在するため、必ずしも複数の研究における評価結果を比較できるとは限らない。従って、人間と機械の評価における妥当性についての結論を下すには、さらなる研究を積み重ねていく必要がある。

4.　英文自動評価システムの実装

　英文の自動評価システムを実装するには、①評価項目リスト、②学習者データ、③統計処理プログラム、の3つが必要となる。第1に、英文の自動評価を行う場合は、書き手のライティング能力を正確に測定するための言語的特徴のリストを策定しなければならない。しかし、前述のように、人間の評価者が用いている評価項目を全て把握することは、極めて難しい。従って、自動評価プログラムを実装するにあたっては、書き手のライティング能力と関連性があると思われる言語項目を可能な限り網羅的に検討する必要がある。因みに、既存の自動評価システムで広く使われている言語項目としては、統語に関わる指標 (平均文長、T-unitの数、品詞n-gramなど)、語彙に関わる指標 (平均単語長、語彙多様性、語彙の難しさなど)、談話に関わる指標 (談話標識の数、代名詞

の数など）などがある。これらに加えて、文法的誤りを分析するシステムも存在するものの、現状の技術で自動検出可能な誤りは極めて限られている（文法的誤りの自動検出に関しては、Leacock, Chodorow, Gamon, and Tetreault (2014) などに詳しい）。さらに、誤りを分析対象とする場合は、何を誤りとみなすか、回避などの方略をどう評価するか、なども考慮しなければならない。

　第2に、あらかじめ策定した評価項目リストに基づいて、異なるライティング能力をもつ学習者が書いた英文を比較する。多くの場合は、書き手の習熟度の情報が付与された学習者コーパスが用いられる (Higgins, Ramineni, and Zechner 2015)。また、コーパスに付与される習熟度の情報は、CEFR (Common European Framework of Reference for Languages) のレベル、TOEFLやTOEICのような英語検定試験のスコアなどであることが多い。そして、評価項目とする統語的情報や談話的情報の分析にあたっては、品詞情報付与や構文解析といった自然言語処理の技術が活用される。

　第3に、個々の英文から集計した評価項目に関する値を用いて、書き手のライティング能力と個々の評価項目がどのような関係にあるかを統計的に記述する。そして、数学的に特定された「評価項目Xの値は、ライティング能力と正比例の関係にある」、「評価項目Yの値は、初級者と中級者の弁別に有効である」といった無数のパターンから自動評価のためのプログラムが作成される。このようなパターンの抽出に用いられる統計手法には、重回帰分析、k近傍法、ベイズ判別法などがある (Larkey and Croft 2003)。

　最後に、上記の手順で作成された自動評価のためのプログラムの性能を確認する。一般的には、習熟度情報の付与された（上記のパターン抽出に用いたデータとは別の）データによる検証が行われる。なお、習熟度情報は自動評価には使わず、評価後の性能検証にのみ用いる。

5.　研究事例：英語科学論文の質判定

　英文の自動評価に有効な評価項目（特徴量）や統計手法（分類器）は、書き手の背景やライティングのタスクによって異なる。ライティングの自動評価のみならず、書き手の母語推定実験や文学作品の著者推定実験などにおいても、分析に有効な特徴量と分類器を模索する研究が多くなされてきた。例え

ば、Jarvis and Paquot (2015) では、書き手の母語推定という共通の課題に対して、様々な特徴量 (語彙、統語、談話など) や分類器 (線形判別分析、サポートベクターマシンなど) を用いた結果が複数紹介されている。また、Grieve (2007) は、著者推定に用いる特徴量として、約40種類の言語項目を比較検討し、単語と記号の共起情報と文字列の 2-gram を組み合わせた場合に最も高い判別精度が得られたと報告している。さらに、Sebastiani (2002) は、テキスト分類でよく用いられる分類器の比較を行い、ニューラルネットワーク、アダブースト、サポートベクターマシンの精度が高かったと述べている。

　本研究では、英語科学論文における文章の質判定において有効な特徴量と分類器を探索する。具体的には、先行研究で一定の成果を挙げている複数の特徴量と分類器を比較検討し、どの組み合わせで最も高い分類精度が得られるのかを調査する。また、どのような言語項目が質判定に大きく寄与するのか、という特徴量の解析も行う。なお、ここで対象とする英語科学論文の質は、そこで扱われている内容に関するものではなく、科学論文としての表現の質である (以後、単に「質」と記す場合は、この表現上の質を表す)。また、科学論文の質は、必ずしも書き手の習熟度には直結しない。なぜならば、科学論文の場合、その書き手が1人であるとは限らず、執筆や出版の過程で母語話者や査読者による校訂が大きく関与していることもあるからである。そして、科学論文としての表現の質は、必ずしも一般的な文章の巧拙とも一致しない。優れた科学論文を書くためには、当該分野のコミュニティにおいて適切とされている語彙や語法に関する知識が不可欠となるからである。

5.1. 実験手法

5.1.1. 特徴量

　英語科学論文の質判定に関する研究では、n-gram モデルが活用されることが多い。例えば、藤井・冨浦・田中 (2005) は、擬似的に母語話者による良質な論文と日本人による稚拙な論文を品詞 n-gram 分布の相違から分類するモデルを提案し、89.5% の判定精度を得ている。そして、冨浦・青木・柴田・行野 (2009) は、藤井・冨浦・田中 (2005) の分類法に控えめな母比率の比の区間推定を導入し、92.5% の判定精度を得ている。また、全く別の特徴量を活用

した例として、テキストにおける談話情報や語彙情報に注目した小林・田中 (2014) が挙げられる。この研究は、母語話者による論文と非母語話者による論文からメタ談話標識の頻度を算出し、ランダムフォレストを分類器として用いて、81.79%の判定精度を得ている。

　上記の先行研究の成果などを踏まえ、本研究で比較検討される特徴量は、文字列 *n*-gram、品詞 *n*-gram、メタ談話標識の3カテゴリーに大別される、以下の10種類のデータとする。

①文字列 1-gram (W1)（頻度上位100位まで）
②文字列 2-gram (W2)（頻度上位100位まで）
③文字列 3-gram (W3)（頻度上位100位まで）
④文字列 4-gram (W4)（頻度上位100位まで）
⑤品詞 1-gram (P1)（頻度上位100位まで）
⑥品詞 2-gram (P2)（頻度上位100位まで）
⑦品詞 3-gram (P3)（頻度上位100位まで）
⑧品詞 4-gram (P4)（頻度上位100位まで）
⑨メタ談話標識 (M1)（398種類の談話表現）
⑩メタ談話標識 (M2)（10種類の意味カテゴリー）

　文字列 *n*-gram の算出にあたっては、全ての単語（表層形）と記号を対象とし、品詞 *n*-gram の算出に際しては、自動品詞付与プログラム TreeTagger (Schmid 1994) を利用する[1]。また、メタ談話標識の定義は、Hyland (2005) に基づくものとする（メタ談話標識の詳細については、本章末尾の Appendix を参照）。そして、分析対象とする個々の論文の長さが異なるため、上記の特徴量を相対頻度に変換して用いる。

5.1.2.　分類器

　本研究で用いる分類器は、金 (2014) でテキスト分類の性能比較に用いられた、以下の6種類とする。

①アダブースト（ADA: AdaBoost）
②距離加重判別（DWD: Distance Weighted Discrimination）
③高次元判別分析（HDDA: High-Dimensional Discriminant Analysis）
④ロジスティックモデルツリー（LMT: Logistic Model Trees）
⑤ランダムフォレスト（RF: Random Forests）
⑥サポートベクターマシン（SVM: Support Vector Machine）

　これらの手法を実行するにあたっては、データ解析環境Rの`boosting`
`{adabag}`、`kdwd {DWD}`、`hdda {HDclassif}`、`LMT {RWeka}`、
`randomForest {randomForest}`、`ksvm {kernlab}` をそれぞれ用い
た。また、結果の再現性を考慮し、それぞれの関数のパラメータは全てデ
フォルトのままとし、解が不定となる手法に関しては、`set.seed(1)`とす
ることで乱数の種を固定した[2]。従って、分類器によっては、パラメータを調
整することで判定精度がさらに向上する可能性がある。

5.1.3.　実験データ

　本研究の実験データは、ウェブ上で公開されている英語科学論文を収集し
たものである（田中・柴田・冨浦2011）。また、それぞれの論文には、英語を母語
とする複数の英文添削の専門家によって、各論文の表現上の質評価やコメン
トなどの情報が付与されている。表現上の質評価とは、内容（新規性や論理性な
ど）に関する評価ではなく、科学論文としての表現に関する評価を指し、「文
章中の表現の誤りの種類（軽微な誤り／非母語話者特有の誤り）と回数」（観点A）と、
「各分野で高い評価を得ている学術雑誌にそのまま掲載できるものかどうか」
（観点B）によって規定されている（表1）。なお、「軽微な誤り」とは、科学論文
に通じた母語話者（NS）でも犯すようなミススペリングや編集ミスといった
ものである（e.g., *maybe* vs. *may be*, *into* vs. *in to*）。「非母語話者（NNS）特有の誤り」と
は、NSは決して犯さない文法的誤り（e.g., 主語と動詞の不一致、時制の不一致）や不
自然なコロケーション（e.g., *fast wind*）、科学論文としては不自然な表現（まわりく
どい表現、古風な表現、カジュアルな表現）などである。

　本研究では、表1のレベル4〜5にあたる論文を「質の高い論文」（G論文）
とし、レベル1〜2にあたる論文を「稚拙な論文」（P論文）とする[3]。実験デー

[表1] 科学論文における表現の質の区分

レベル	誤りの種類と回数（観点A）	学術雑誌への掲載（観点B）
5	十分に良質で、修正の必要はない	そのままで掲載可
4	軽微な誤りが250語あたり2箇所以下、なおかつNNS特有の誤りは皆無である	
3	軽微な誤りとNNS特有の誤りがいずれも250語あたり2箇所以下、またはNNS特有の誤りが250語あたり3〜4箇所ある	そのままで掲載可、または軽微な修正の上で掲載可
2	NNS特有の誤りが250語あたり8箇所以下である	掲載不可
1	NNS特有の誤りが250語あたり8箇所より多い	

タにおける論文の総数は781編（総語数は5,256,051語）である。そのうち、専門家がG論文であると判定したものは384編（総語数は3,177,966語）で、P論文であると判定したものは397編（総語数は2,078,085語）であった。

5.2. 判定実験

　判定実験にあたっては、実験データに含まれる781編の論文を2分割し、半数の391編（G論文192編、P論文199編）を質判定パターン抽出用のデータセットとし、残りの390編（G論文192編、P論文198編）を質判定パターン評価用のデータセットとした。

　表2は、前述の10種類の特徴量と6種類の分類器に基づく実験の判定精度（パーセント）をまとめたものである。ボールドの値は、個々の特徴量を用いた判定で最も精度が高かった分類器を示している。また、各行と各列の末尾には、その行ないしは列の平均値（Mean）が示されている。

　表2をみると、最も高い判定精度が得られたのは文字列1-gramを用いたサポートベクターマシン（80.15%）で、メタ談話標識（398種類の談話表現）を用いたランダムフォレスト（77.18%）と文字列2-gramを用いたアダブースト（79.92%）がそれに続いている。

　次に、特徴量ごとに結果をみると、文字列1-gram（75.73%）、文字列2-gram（74.23%）、文字列3-gramおよび品詞2-gram（72.61%）の順で、判定精度の平均

[表2] 英語科学論文の文章の質判定結果

	ADA	DWD	HDDA	LMT	RF	SVM	*Mean*
W1	77.32	78.87	61.60	76.55	79.90	**80.15**	75.73
W2	**76.92**	76.15	66.92	74.36	75.12	75.90	74.23
W3	73.33	75.13	66.15	72.05	73.33	**75.64**	72.61
W4	70.26	72.05	67.69	69.49	73.08	**74.36**	71.16
P1	69.49	**74.36**	63.59	68.46	74.10	73.85	70.64
P2	72.56	73.33	69.23	**73.59**	**73.59**	73.33	72.61
P3	72.82	70.51	62.56	68.72	**73.08**	70.00	69.62
P4	69.49	69.49	67.95	70.77	71.03	**72.56**	70.22
M1	75.90	71.54	66.67	71.54	**77.18**	71.03	72.31
M2	63.85	62.05	61.03	59.23	**64.36**	64.10	62.44
Mean	71.94	72.35	65.34	70.48	**73.48**	73.09	71.15

が高いことがわかる。そして、分類器の性能としては、ランダムフォレストによる判定精度（10種類の判定実験の平均値）が最も高い結果となった。

5.3. 特徴量解析

　前節の判定結果を踏まえて、質判定に大きく寄与している言語項目の特定を行った。この解析には、ランダムフォレストを用いた。表3は、文字列 *n*-gram に基づく4種類の分類器に関する結果（ジニ係数の平均減分の上位10位）をまとめたものである。これをみると、*On the other hand*、*as well as*、*In this paper*、*in the context of*、*In this section*、*and so on* といった表現が質判定に寄与していることがわかる。

　表4は、品詞 *n*-gram に基づく4種類の分類器に関する結果（ジニ係数の平均減分の上位10位）をまとめたものである。この表には、冠詞を含む連鎖 (e.g., *DT NN NN VBZ, DT JJ NN IN*) や後置修飾を含む連鎖 (e.g., *NN VBZ VVN IN, NN IN DT JJ*) など、名詞句構造に関わる表現が多くみられる。

　表5は、メタ談話標識に基づく2種類の分類器に関する結果（ジニ係数の平均減分の上位10位）をまとめたものである。まず、個々の表現の頻度を用いた場合

[表3] 質判定に寄与した言語項目（文字列 *n*-gram）

Rank	W1	W2	W3	W4
1	.	In this	On the other	the other hand ,
2	In	of these	the other hand	, as well as
3	It	the other	other hand ,	In this paper ,
4	these	used to	(i. e.	On the other hand
5	is	the following	as well as	this paper , we
6	both	based on	In this paper	(e. g. ,
7	that	due to	based on the	(i. e. ,
8	;	, as	, as well	in the context of
9	would	shows the	(e. g.	In this section ,
10	method	and the	, and a	and so on .

[表4] 質判定に寄与した言語項目（品詞 *n*-gram）

Rank	P1	P2	P3	P4
1	.	VBZ VVN	VBZ VVN IN	NN VBZ VVN IN
2	RBR	NN .	NN VBZ VVN	VBZ VVN IN DT
3	VBZ	NN VBZ	DT NP NN	DT NN VBZ VVN
4	NN	, PP	CC DT NN	DT NN NN VBZ
5	"	JJ ,	NN , PP	DT JJ NN IN
6	NNS	RB RB	, IN DT	IN DT NN ,
7	:	RB VVN	NN NN VBZ	NN , DT NN
8	VBD	CC DT	NNS IN DT	IN DT NP NN
9	JJ	NNS IN	JJ NN .	JJ NN NN .
10	TO	JJ TO	JJ NNS IN	NN IN DT JJ

（M1）の結果をみると、*on the other hand* が1位となっており、文字列 *n*-gram の結果とも符合している。また、*perhaps*、*likely*、*could*、*would* といった hedges が上位にランクインしていることが注目に値する。そして、意味カテゴリー別の結果（M2）をみると、hedges と boosters というモダリティ表現が上位を占め

ている。このことは、優れた学術論文を執筆するにあたって、書き手の懐疑
(doubt) や確信 (certainty) を適切に表現することが非常に重要であることを示し
ている (e.g., Hyland 1995)。

[表5] 質判定に寄与した言語項目（メタ談話標識）

Rank	M1	M2
1	on the other hand	hedges
2	determine	boosters
3	overall	transitions
4	perhaps	self-mentions
5	likely	code glosses
6	shows	endophoric markers
7	could	attitude markers
8	would	frame markers
9	allow	engagement markers
10	further	evidentials

　表2にあるように、最も判定精度の高い特徴量と分類器の組み合わせは、
文字列 n-gram とサポートベクターマシンであった (80.15%)。しかしながら、
その判定に大きく寄与した文字列は、比較的高頻度な機能や記号ばかりで、
言語学的・教育学的に有益な示唆がそれほど得られる訳ではない。今回の統
計解析の結果を踏まえて、より詳しい言語分析や教育応用を行うとすれば、
むしろ2番目に判定精度の高かったメタ談話標識とランダムフォレストの組
み合わせ (77.18%) の方が興味深いといえる（この特徴量と分類器を用いた質判定実験
については、小林・田中 (2014) を参照）。また、判定精度の向上という観点では、
個々の分類器の結果を比較するだけでなく、アンサンブル学習などの技術を
用いて、複数の分類器を統合して判定を行うというアプローチ (e.g., 金 2014)
も有効であろう。

6. おわりに：まとめと展望

　本章では、英文の自動評価技術に関する理論的・技術的な問題について議論し、実際に自動評価システムを作る手順とその結果を示した。自動採点の技術は、複数の英語検定試験などで実用されていることからもわかるように、すでにある程度の水準に達している。その一方で、機械が評価できる言語の側面は限られており、英文の一貫性や内容的妥当性の測定には課題が残る。これらの点を改善するためには、照応解析やトピック・モデリングなどの自然言語処理技術の発展が望まれる。

　言語的なパフォーマンスの評価は、人間にとっても、機械にとっても、決して簡単なタスクではない。そして、前述のように、人間と機械は、異なる長所と短所をもっている。従って、現実的な方策としては、人間と機械が互いの長所を生かし、短所を補うような仕組みを考えていく必要がある。具体的には、自動評価システムは、単に人間による評価を忠実に再現することを目的とするだけでなく、人間の評価を補完するようなフィードバックができるようになることを目指すべきである。また、教育的データマイニング (educational data mining)(Peña-Ayala 2013) という文脈では、学習者のプロフィールやオンライン学習システムのログを活用することで、学習者それぞれが抱えている問題を特定し、その解決を支援するためのフィードバックを提供することも期待される。

●さらに勉強したい人のために

1　Shermis, Mark, and Jill Burstein（eds.）(2003) *Automated Essay Scoring: A Cross-Disciplinary Perspective.* New York: Routledge.
　　この本では、主な英文自動評価システム（PEG、IntelliMetric、IEA、e-raterなど）の開発者が自らのシステムの仕様を紹介し、それらを用いた研究成果が紹介されている。それと同時に、自動採点に関する歴史的背景や議論、技術的解説や理論的基盤が非常によくまとめられているため、自動採点に興味をもった読者が最初に読むべき本といえる。

2　Shermis, Mark, and Jill Burstein（eds.）(2013) *Handbook of Automated Essay Evaluation.* New York: Routledge.
　　この本は、上記の Shermis and Burstein（2003）の編者2人が10年ぶりに同じ出版社から発表した英文自動評価に関する論文集である（各章の執筆者の大半は、上記の本と異なる）。最先端の自然言語処理や機械学習を援用し、英文の談話分析や感情分析、文法的誤りの自動検出などの技術に関する章も含まれている。

3　Leacock, Claudia, Martin Chodorow, Michael Gamon, and Joel Tetreault（2014）*Automated Grammatical Error Detection for Language Learners.* Second edition. San Rafael: Morgan and Claypool Publishers.

　　この本は、本章ではあまり扱わなかった文法的誤りの自動検出技術に関する概説書である。主に自然言語処理の分野における誤り分析の研究を網羅的に紹介しているため、現在の技術でどのような誤りを分析することができて、どのような誤りを扱うことができないのか、がよくわかる。

注

1　通常の言語研究では、記号を*n*-gramに含めないことが多い。しかし、科学論文では句読法が統語的・意味的に重要な意味を果たす場合もあるため、本研究では記号も分析対象とする。因みに、、e-raterなどの英文自動評価システムにおいても、句読法はmechanicsという項目で採点対象となっている。

2　同一のデータと特徴量を用いているにも関わらず、先行研究（小林・田中・冨浦 2012、小林・田中 2014）と本章で判定結果が異なるのは、この理由による。

3　レベル3に判定された論文は、差読者や英文校正の専門家によって評価が分かれる場合があるため、本研究の分析対象から除外している。

参考文献

金明哲（2009）「文章の執筆時期の推定─芥川龍之介の作品を例として」『行動計量学』36(2): pp.89–103. 日本行動計量学会

金明哲（2014）「統合的分類アルゴリズムを用いた文章の書き手の識別」『行動計量学』41(1): pp.17–28. 日本行動計量学会

金明哲・村上征勝（2007）「ランダムフォレスト法による文章の書き手の同定」『統計数理』55(2): pp.255–208. 統計数理研究所

小林雄一郎（2017）「コーパスと統計処理」赤野一郎・堀正広（編）『コーパスと多様な関連領域』pp.127–149. ひつじ書房

小林雄一郎・田中省作（2014）「メタ談話標識を素性とするランダムフォレストによる英語科学論文の質判定」岸江信介・田畑智司（編）『テキストマイニングによる言語研究』pp.137–151. ひつじ書房

小林雄一郎・田中省作・冨浦洋一（2012）「N-gram を素性とするパターン認識を用いた英語科学論文の質判定」『情報処理学会研究報告』2012-NL-205(12): pp.1–6.

田中省作・柴田雅博・冨浦洋一（2011）「Web を源とした質情報付き英語科学論文コーパスの構築法」『英語コーパス研究』18: pp.61–71. 英語コーパス研究会

冨浦洋一・青木さやか・柴田雅博・行野顕正（2009）「仮説検定に基づく英文書の母語話者性の判別」『自然言語処理』16(1): pp.25–46. 言語処理学会

藤井宏・冨浦洋一・田中省作（2005）「Skew Divergence に基づく文書の母語話者性の推定」『自然言語処理』12(4): pp.79–96. 言語処理学会

Attali, Yigal (2013) Validity and Reliability of Automated Essay Scoring. In Shermis, Mark, and Jill Burstein (eds.) *Handbook of Automated Essay Evaluation,* pp.181–198. New York: Routledge.

Bejar, I. Isaac, David M. Williamson, and Robert J. Mislevy. (2006) Human Scoring. In Williamson, David M., Robert J. Mislevy, and Isaac I. Bejar. (eds.) *Automated Scoring of Complex Tasks in Computer-Based Testing,* pp. 49–81. Hillsdale: Lawrence Erlbaum Associates.

Bennet, Randy Elliot, and I. Isaac Bejar. (1998) Validity and automated scoring: It's not only the scoring. *Educational Measurement: Issues and Practice* 17(4): pp.9–17.

Burstein, Jill. (2003) The E-rater Scoring Engine: Automated Essay Scoring with Natural Language Processing. In Shermis, Mark, and Jill Burstein (eds.) *Automated Essay Scoring: A Cross-Disciplinary Perspective,* pp. 113–121. New York: Routledge.

Elliot, Scott. (2003) IntelliMetric: From Here to Validity. In Shermis, Mark, and Jill Burstein (eds.) *Automated Essay Scoring: A Cross-Disciplinary Perspective,* pp. 71–86. New York: Routledge.

Ericsson, Patricia Freitag, and Richard Haswell. (eds.)(2006) *Machine Scoring of Student Essays.* Logan: Utah State University Press.

Grieve, Jack. (2007) Quantitative Authorship Attribution: An Evaluation of Techniques. *Literary and Linguistic Computing* 22(3): pp.251–270.

Higgins, Derrick, Chaitanya Ramineni, and Klaus Zechner. (2015) Learner Corpora and Automated Scoring. In Granger, Sylviane, Gaëtanelle Gilquin, and Fanny Meunier (eds.) *The Cambridge Handbook of Learner Corpus Research*, pp.587–604. Cambridge: Cambridge University Press.

Hyland, Ken. (1995)The Author in the Text: Hedging Scientific Writing. *Hong Kong Papers in Linguistics and Language Teaching* 18: pp.33–42.

Hyland, Ken. (2005) *Metadiscourse: Exploring Interaction in Writing.* New York: Continuum.

Jarvis, Scott, and Magali Paquot. (2015) Learner Corpora and Native Language Identification. In Granger, Sylviane, Gaëtanelle Gilquin, and Fanny Meunier (eds.) *The Cambridge Handbook of Learner Corpus Research,* pp. 605–627. Cambridge: Cambridge University Press.

Kobayashi, Yuichiro, and Mariko Abe. (2016)Automated Scoring of L2 Spoken English with Random Forests. *Journal of Pan-Pacific Association of Applied Linguistics* 20(1): pp.55–73.

Landauer, Thomas K., Darrell Laham, and Peter W. Foltz. (2003) Automated Scoring and Annotation of Essays with the Intelligent Essay Assessor. In Shermis, Mark, and Jill Burstein (eds.) *Automated Essay Scoring: A Cross-Disciplinary Perspective,* pp. 87–112. New York: Routledge.

Larkey, Leah S., and W. Bruce Croft. (2003) A Text Categorization Approach to Automated Essay Grading. In Shermis, Mark, and Jill Burstein (eds.) *Automated Essay Scoring: A Cross-Disciplinary Perspective,* pp. 55–70. New York: Routledge.

Leacock, Claudia, Martin Chodorow, Michael Gamon, and Joel Tetreault. (2014) *Automated Grammatical Error Detection for Language Learners.* Second edition. San Rafael: Morgan and Claypool Publishers.

Page, Ellis Batten. (2003) Project Essay Grade: PEG. In Shermis, Mark, and Jill Burstein (eds.) *Automated Essay Scoring: A Cross-Disciplinary Perspective,* pp.43–54. New York: Routledge.

Peña-Ayala, Alejandro. (eds.)(2013) *Educational Data Mining: Applications and Trends.* New York: Springer.

Schmid, Helmut. (1994) Probabilistic Part-of-Speech Tagging Using Decision Trees. *Proceedings of International Conference on New Methods in Language Processing* 12(4): pp.44–49.

Sebastiani, Fabrizio. (2002) Machine Learning in Automated Text Categorization. *ACM Computing Surveys* 34(1): pp.1–47.

Williamson, David M. (2013)Developing Warrants for Automated Scoring of Essays. In Shermis, Mark, and Jill Burstein (eds.) *Handbook of Automated Essay Evaluation,* pp. 153–180. New York: Routledge.

Xi, Xiaoming. (2012) Validity and the automated scoring of performance tests. In Fulcher, Glenn, and Fred Davidson (eds.) *The Routledge Handbook of Language Testing,* pp. 438–451. New York: Routledge.

Appendix: Hyland（2005）におけるメタ談話標識の分類

Category	Function	Examples
Interactive resources	Help to guide reader through the text	
Transitions	Express semantic relation between main clauses	*in addition, but, thus, and*
Frame markers	Refer to discourse acts, sequences, or text stages	*finally, to conclude, my purpose here is to*
Endophoric markers	Refer to information in other parts of the text	*noted above, see Fig, in section 2*
Evidentials	Refer to source of information from other texts	*according to X, (Y, 1990), Z states*
Code glosses	Help readers grasp functions of ideational material	*namely, e.g., such as, in other words*
Interactional resources	Involve the reader in the argument	
Hedges	Without writer's full commitment to proposition	*might, perhaps, possible, about*
Boosters	Emphasize force or writer's certainty in proposition	*in fact, definitely, it is clear that*
Attitude markers	Express writer's attitude to proposition	*unfortunately, I agree, surprisingly*
Engagement markers	Explicitly refer to or build relationship with reader	*consider, note that, you can see that*
Self-mentions	Explicit reference to author(s)	*I, we, my, our*

10 文章の難易度を科学する

李在鎬・長谷部陽一郎

概要

　文章の難易度を測定する研究領域として、リーダビリティ研究がある。リーダビリティ研究では１文あたりの語数や語種の比率などの表層的な情報をもとに文章の難しさを順位づけ、様々な教育場面に活用することを目指している。

　本章では、英語研究からスタートしたリーダビリティ研究の誕生およびその問題意識を確認した後、筆者らがこれまで行ってきた文章難易度に関する研究事例を紹介しながら、コンピュータによる文章研究、とりわけ「難易度」という一般化が難しい属性に対して、どのような分析の可能性があるかを検討する。特に日本語におけるリーダビリティ研究の具体例として、Hasebe and Lee（2015）を取り上げながら、著者らが開発した難易度判別のための計算式の開発プロセスおよび応用研究について紹介する。

1. はじめに

　自然言語の文章がもつ潜在的な難しさを測定する研究領域として、リーダビリティ（Readability）研究がある。リーダビリティ研究は、今から100年前にアメリカで誕生したとされている（野本2016）。その研究背景としては、1920年代にヨーロッパや南アメリカなどから多数の移民がアメリカに入ったことにより、アメリカの学校に教科書が読めない児童が増えたことが挙げられている。こうしたことから、1920年当時は児童の読解力にあった教科書選定が

喫緊の課題として認識されていた。

　こうした社会的課題を解決するものとして、リーダビリティ研究が登場し、文章の適正学年を推定する技術として注目された。この技術は、当該文章がリーダブル (readable) であるというのは、あるコホート (特定年齢の児童集団) が適度な早さで読むことができ、またその内容を十分に理解できる状態という前提で研究が行われる (野本2016)。こうした背景から、リーダビリティの和訳としては、「読みやすさ」という用語が使用される。また、読みやすいということは、適度な難しさであるというのが前提になるため、文章難易度と実質的には同義として認知されている。

　以下では、英語を中心に行われたリーダビリティ研究の誕生に関わる研究背景を確認した上で、日本語のリーダビリティ研究について紹介する。そして、リーダビリティ研究の応用例として、均衡コーパスに対するリーダビリティ調査の事例を紹介する。

2.　リーダビリティ研究の誕生

　アメリカにおける萌芽期のリーダビリティ研究では、語彙リストに基づく語彙の出現数をもとにその文章のリーダビリティをはかるという考え方が主であった。例えば、エドワード・ソーンダイク (Edward L. Thorndike) が行った次の試みがある。児童書、聖書、新聞等41 の資料から抽出した約4,565,000 語の中からもっとも頻度が高い 10,000 語が選ばれ、ソーンダイクの平易語彙表として公開された。この語彙リストをもとに、難解語が設定され、難解語の出現頻度をもとに、文章の難易度が計算されていた。具体例としては、Vogel and Washburne (1928) によって提案された以下の計算式が挙げられる。

y ＝（0.085 ×異なり語数）＋（0.101 ×前置詞の数）＋（0.604 ×ソーンダイクの平易語彙表の未登録語数）–（0.411 ×単文の数）＋ 17.43

　Vogel and Washburne (1928) の計算式では、文章の異なり語数と前置詞の数、そして、ソーンダイクの平易語彙表に収録されていない語の数、そして単文の数をもとに、文章難易度の指標化が行われた。そして、こうした作ら

れた文章の難易度の指標が児童の読解力テストの得点と一定程度の相関がみられ、教育的な有効性が示された。こうした試みの背景には、文章の難しさは、語彙によって決まるという考え方が存在し、多くのリーダビリティ研究において今も受け継がれている。

さて、1920年代の研究者・教育者の間で、リーダビリティの有効性が認知されたものの、研究成果を活用するステップにおいて、次の問題が発生した。それは、1920年代はコンピュータが普及しておらず、リーダビリティ値は手計算で求めていたことによる問題である。文章を単語に分けて、その単語を10,000語の語彙リストから探し、頻度を計算するというのは、一般の教師にとっては負担の大きい作業であった。こうした理由から、リーダビリティの活用のために、より単純な計算方法が求められるようになった。これを受け、語彙リストを使わない単純な計算式が提案された。単純化した例としては、Flesch (1948) によって提案された以下の計算式が挙げられる。

$$y = (-1.015 \times 文の平均単語長) + (-84.6 \times 単語の平均音節数)$$

Flesch (1948) が提案する計算式は、文の平均単語長と単語の平均音節数に回帰係数を組み合わせるだけの非常にシンプルなものである。しかし、この計算式で計算しても、ソーンダイクの語彙表を使った計算方法と同等の結果が得られることが明らかになり、注目されるようになった。

英語における100年ほどの研究の蓄積によって明らかになったこととして、文章の読みやすさに関連する要因は様々であるが、とりわけ重要なものとして、①難解語が重要、②語彙と文の長さによってリーダビリティがかわる、③異なり語数の多さはリーダビリティに関係する、④高頻度語が入っていると記憶へのアクセスが早く、読みやすくなる、⑤語彙の難解性は語の内在的な性質ではなく、学習によってかわるもの、だということが明らかになっている。

3. 日本語のリーダビリティ研究

日本語に関するリーダビリティ研究として は、坂本 (1971) を始めとして、

「読書科学」の分野で 注目すべき研究があった。ただ、その多くが手分析 によるものであったため、大量のテキストを扱うには 限界があった。しかし、近年、コンピュータの普及や Web の進化に伴い、ネットサービスの1つとして一般に 公開されているものもあるなど、リータビリティ研究は多様化しつつある。具体的には、建石 (他)(1988)、佐藤 (2011)、柴崎・原 (2010)、Hasebe and Lee (2015) などの研究があり、ウェブサービスとしてリーダビリティの計算式を提供する試みがなされてきている。

　以下では、日本語のリーダビリティ研究に関して、具体例と計算式ができるまでのプロセスを示す。その考察をもとに、日本語の文章の難易度というのは、計量的な方法でもって測定できることを示す。

3.1.　3つの問題意識

　本節では、リーダビリティ研究における具体的な問題意識について確認しておく。リーダビリティ研究では、次の3つの研究課題が盛んに議論されてきた。①文章の難易度を決定する要因は何か、②文章の難易度を決定する複数の要因をどのように重み付けし、計算式にするか、③どのような難易度のスケールを使うかである。

　まず、①に関しては次の事実を考慮する必要がある。文章の難しさは、いくつもの要因が複雑に絡み合って決まっていく。マクロな要素としては、どのような話題かという問題や文章としてのまとまり具合などが考えられる。ミクロな要素としては、語彙の難しさ、文法構造の難しさ、さらには、計量文体論の文章研究 (▶4章参照) で、重要視されてきた語の長さ、文の長さなどが考えられる。

　次に、②の問題として、文章の難易度を決める要素が複数であることが明らかになった場合、個々の要素がもつ強さの度合いをどう表現するのかということが考えられる。つまり、文章に含まれる語彙の難しさの要因、文法項目の難しさの要因、文長などの長さの要因などを同等に扱ってよいかという問題に帰結する。当然ながら、これらの要因の強さは異なるものであり、その異なり具合を重みづけする必要がある。多くの先行研究では、回帰係数でもって重み付けを行っている。具体例は、4.2節で示す。

最後に、③として、文章の難しさを表現するスケールをどう設定するかの問題が考えられる。日本語教育の文脈でいえば、日本語能力試験の1級から4級、またはN1からN5が代表的な難易度のスケールになるであろう。国語教育の文脈でいえば、小学校1年から高校3年までの学年が代表的なスケールになるであろう。

3.2. リーダビリティ研究の方法論

3.1節で示した3つの研究課題は、内省で明らかにできるものでもなければ、個々の事例をもとに断片的な考察を行ったところで、明らかになる問題でもない。こうした理由からリーダビリティ研究では、大規模なデータ (基準コーパス) を用いて、それを計算論的な手法で分析し、計算式化するというアプローチが採用されている。計算論的手法としては、多変量解析などの統計モデルや文字の連続からなる言語モデルなどが用いられる。具体的な研究例として3つの研究をとりあげる。

まず、柴崎・原 (2010) は小学校1年から高校3年までの12段階を難易度のスケールとして設定し、重回帰分析によるリーダビリティ計算式を提案している。難易度を決定する要因としては、①文章中の平仮名の割合、②1文の平均述語数、③1文の平均文字数、④文の平均文節数の4つの要素をとりあげている。

次に、佐藤 (2011) ではbigramという文字の連続をもとに各スケールの難易度を定義している。難易度スケールとしては、9段階のもの (とてもやさしい、やさしい、かなりやさしめ、ややさしめ、ふつう、ややむずかしめ、かなりむずかしめ、むずかしい、とてもむずかしい) と13段階 (小学校1年〜高校3年の12スケール＋大学レベル) のものを設定している。

最後に、Hasebe and Lee (2015) は、柴崎・原 (2010) と同様に重回帰分析によるリーダビリティ計算式を提案している。難易度を決定する要因としては、①平均文長、②漢語率、③和語率、④動詞率、⑤助詞率の5つの要素をとりあげている。難易度のスケールとしては、6段階のもの (初級前半、初級後半、中級前半、中級後半、上級前半、上級後半) を設定している。

重回帰分析とは、1つの目的変数を複数の説明変数で予測するもので、例

えば、説明変数として「身長」や「腹囲」や「胸囲」を使って、目的変数の「体重」を予測するという分析、あるいは「喫煙率」や「週あたりの運動時間」や「毎日の平均摂取カロリー」を使って、「健康寿命」を予測するという分析が考えられる。

　リーダビリティ研究の文脈でいえば、説明変数とは文の長さや文章内の語の性質といった要素になり、それをもとに、目的変数になる文章の難しさを予測するということになる。佐藤 (2011) が行っている言語モデルを使った例では、文字の連続だけを手がかりにしているため、テキストの種類に関係なく、判別できるメリットがあるが、大量のテキストデータが必要になる。そのため、テキストデータを作る作業の負担が大きいこと、そして、判別の基準となる要素を言語分析的立場で明示化するのが難しいということが考えられる。一方の重回帰分析を使った場合は、1文の長さや述語の数や漢字の多さといった（難易度に関連が深いと思われる）説明要因の中から、どの要素が重要であるかを判定し、計算式化するため、判別の基準となる要素が比較的にクリアである。ただし、この方法に関しては、難易度に関わると思われる要素が事前にわかっている場合にしか使えないという問題がある。また、分析のためのテキスト量に関しても、佐藤 (2011) の方式ほどの大量のテキストを要求するものではないが、分析テキストが少ないと予測精度が低くなるという問題がある。

　さて、次の課題として計算式を作成する際に使用する「基準コーパス」について考えてみたい。リーダビリティ研究では、分析に使用する「基準コーパス」によって得られる計算式が決まるため、どのようなテキストをどれだけ用いるかが研究の要になる。「基準コーパス」と統計分析の手法はワンセットとして考えられている。

　柴崎・原 (2010) の場合、読解教育に役立つリーダビリティシステム構築を目標にしていたため、公教育の場で使用される国語科の教科書を使用している。佐藤 (2011) は、「平易な日本語表現への工学的アプローチ」という観点から、汎用性の高い解析システムを作ることを目標にしていたため、公教育の場で使用される全教科の教科書を「基準コーパス」として使用している。そして、Hasebe and Lee (2015) では、日本語教育のためのリーダビリティシステム構築を目標にしていたため、基本的には日本語教科書を使用している

が、上級レベルに関しては実質的に日本語教科書が存在しないため、「現代日本語書き言葉均衡コーパス」を使用している。

4. 難易度判別の計算式ができるまで

　本節では、リーダビリティシステムに入っている難易度を判別する計算式ができるまで、どのような分析が必要かを示す。具体的には、「jReadability」を例に、使用したデータと統計分析の方法について述べる。

　「jReadability」では、日本語教育のためのリーダビリティシステムの構築のために、2種類のデータセットを構築している。1つ目は、初級から上級までの日本語教科書83冊と李 (2011) で使用した「現代日本語書き言葉均衡コーパス」のデータで構成した「学習データ」、2つ目は、旧日本語能力試験の25年分の読解テキストで構成した「評価データ」である。「学習データ」はリーダビリティ計算式を開発するために、「評価データ」はリーダビリティ計算式の妥当性を確認するために使用している。

　分析は、次の3ステップで行った。第1ステップとして「学習データ」をもとに「基準コーパス」を構築する作業、第2ステップとして「基準コーパス」をもとにリーダビリティ計算式を作成する作業、第3ステップとして「評価データ」をもとにリーダビリティ計算式の妥当性を確認する作業である。

4.1. 第1ステップ：基準コーパス構築

　難易度判別のための計算式を作成するためには「基準コーパス」が必要である。この「基準コーパス」が満たすべき条件として、次の2点が考えられる。1点目として、各難易度の言語的特徴を明確にもっていること、2点目として、一定規模のデータサイズであることが求められる。1点目の各難易度の言語的特徴とは、1節で述べたような特定の集団にとってリーダブルなものであるための言語的特徴のことである。例えば、初級という集団をターゲットにするなら、彼らにとって読みやすい文の長さや語彙の選択、さらには文法項目の選択といった言語的特徴をもっているテキストであることが求

められる。「jReadability」に関しては、「初級前半、初級後半、中級前半、中級後半、上級前半、上級後半」の各レベルにおける言語的特徴を明確にもっていることが求められる。そして、2点目のデータサイズであるが、統計分析を行うため、多ければ多いほど、良い精度の計算式が得られる。「jReadability」の計算式作成のために、延べ語592,655語のコーパスを作った。

　上述の2つの条件を満たすコーパスを作る作業として、「学習データ」に2つの作業を行った。①すべてのテキストファイルを同じ長さ（おおよそ1000文字）に分割したあと、②各テキストファイルに対して主観判定と統計分析を実行し、「初級前半、初級後半、中級前半、中級後半、上級前半、上級後半」の6段階のレベルをつけた。主観判定と統計分析の詳細は、李（2016）を参照してほしい。さて、6段階のレベルイメージは表1のとおりであり、「基準コーパス」のデータサイズは表2のとおりである。

[表1] 6段階のレベルイメージ

レベル	能力記述文
初級前半	単文を中心とする基礎的日本語表現に関して理解できる。複文や連体修飾構造などの複雑な文構造は理解できない。
初級後半	基本的な語彙や文法項目について理解できる。テ形による基本的な複文なども理解できる。
中級前半	比較的平易な文章に対する理解力があり、ある程度まとまった文章でも内容が把握できる。
中級後半	やや専門的な文章でも大まかな内容理解ができ、日常生活レベルの文章理解においてはほぼ不自由がなく遂行できる。
上級前半	専門的な文章に関してもほぼ理解できる。文芸作品などにみられる複雑な構造についても理解できる。
上級後半	高度に専門的な文章に関しても不自由なく、理解できる。日本語のあらゆるテキストに対して困難を感じない。

[表2] 「基準コーパス」のデータサイズ

	初級前半	初級後半	中級前半	中級後半	上級前半	上級後半
異なり語数	3,178	2,858	5,156	10,291	6,833	4,712
延べ語数	72,691	68,746	87,433	174,953	69,268	119,564

各レベルの具体的な文章例を部分的に示すと以下のとおりである。なおサンプルの全文テキストは、日本語文章難易度判別システム「jReadability」のレベル別サンプルテキストに掲載しているので、合わせて参照してほしい。

①初級前半の文章例：李さんは毎日お酒をのんでいます。お金もなくなりました。しかし、仕事はきらいです。いろいろ考えました。神様にお願いすることにしました。しかし、神様がどこにいるのかわかりません。困りました。図書館にいきました。古い本を調べました。その日の夜のことです。たばこを吸いました。そして神様のことを考えました。そのときです。たばこのけむりの中から何かでてきました。

②初級後半の文章例：むかしむかし、金が大好きな一人の王様がいました。ある日王様の家に一人の老人がやって来ました。その老人は有名な学者でしたが、お酒がたいへん好きでした。そこで、王様は、老人のためにたくさんの酒とおいしい料理を用意しました。10日間、老人は飲んだり食べたりしました。そして、10日目に満足して帰って行きました。この話を、酒の神が聞きました。酒の神はこの老人が好きだったので、王様にお礼をしたいと思いました。

③中級前半の文章例：茶々はわたしの日本語の先輩でした。毎日、日本語を一生懸命勉強して3か月ぐらいたったころには、日本人の友達といろいろな話もできるようになりました。そして茶々よりも日本語がわかるようになりました。けれどわたしの日本語の発音はまだ上手ではありません。家の人はわかってくれますが、茶々はわかりません。「おいで」と言っても茶々は来ません。「ちょっと見てごらん」と言っても見ません。「散歩に行こう」と言ってもふりむいてくれません。

④中級後半の文章例：いまでいうリフォーム、リサイクルをごく当たり前のこととしてやっていました。日本は、1950年代後半から経済の成長がいちじるしく、供給がどんどん増加し、国民一人あたりの所得も上がってきました。この時代を境にして、需要と供給のバランスが逆転しました。現在の日本は完全に供給が過剰、需要が不足している時代です。ものをつくる企業はこういうときにどうするでしょうか。

⑤上級前半の文章例：動物の動きにしてもそうで、ネズミはちょこまかして

いるし、ゾウはゆっくりと足を運んでいく。体のサイズと時間との間に、何か関係があるのではないかと、古来、いろいろな人が調べてきた。例えば、心臓がドキン、ドキンと打つ時間間隔を、ネズミで測り、ネコで測り、イヌで測り、ウマで測り、ゾウで測り、と計測して、おのおのの動物の体重と時間との関係を求めてみたのである。サイズを体重で表わすのは、体重なら、はかりにポイと載せればすぐ測れるが、体長でサイズを表わすと、しっぽは計測値に入れるのか、背伸びした長さか丸まったときの長さかなどと、難しい問題がいろいろ出てくるからだ。

⑥上級後半の文章例：数学は、科学を記述する普遍的な言語であるという基本的な性格を持つ。また「自然は数学の言葉で書かれた書物である」とはガリレイの言である。ニュートン以後19世紀まで、古典物理学と数学とは、微分方程式と特殊関数の研究を "かなめ" として即かず離れずの関係で発展してきたが、今世紀に至り、場の量子論・統計力学と現代数学が結合し、数理物理学の新しい発展を遂げることになった。この展開によって、解析学のみでなくトポロジー、多様体論、代数幾何学、整数論にまでわたる、現代数学の先端諸分野を横断する新しい視点と手段がもたらされ、重要な問題の解決や新しい理論の展開にまで導かれることになった。数学の分野において我が国は多数の優れた研究者を擁し、世界のこの分野の発展に大きく貢献した業績は特筆すべきものがある。

4.2. 第2ステップ：リーダビリティ計算式の作成

第2ステップとして、「基準コーパス」に対して、自然言語処理のツールを利用してテキスト処理を行った。そして、ファイル単位で文字種別の使用頻度や品詞類の使用頻度を計算し、テキスト特徴量を抽出した。そして、統計分析として重回帰分析を行い、難易度を予測するリーダビリティ計算式を作成した。

統計分析は、「IBM SPSS Statistics」を使って行った。重回帰分析の分析オプションとして、ステップワイズ法を使用し、5つのモデルを生成した。各モデルの詳細を表3に示す。

表3のモデル1は、定数と平均文長のみで構成されたモデルであり、予測

[表3] 重回帰分析の結果

		係数	決定係数（R^2）
モデル1	（定数）	5.938	.787
	平均文長	-.099	
モデル2	（定数）	6.691	.839
	平均文長	-.082	
	漢語率	-.073	
モデル3	（定数）	13.195	.878
	平均文長	-.063	
	漢語率	-.153	
	和語率	-.086	
モデル4	（定数）	12.128	.893
	平均文長	-.057	
	漢語率	-.142	
	和語率	-.061	
	動詞率	-.159	
モデル5	（定数）	11.724	.896
	平均文長	-.056	
	漢語率	-.126	
	和語率	-.042	
	動詞率	-.145	
	助詞率	-.044	

精度を示す決定係数（R^2）値は.787である。なお、決定係数とは、説明変数が目的変数をどの程度、説明できるかを示す数値であり、この数値が高ければ高いほど、よいモデルということになる。このような観点で、モデル2からモデル5をみた場合、モデル5が（R^2値が高いため）もっとも予測精度が高いと判断し、モデル5を最終的な難易度判別の計算式として採用した。

　表3のモデル5に従って難易度を捉えた場合、文の長さを示す平均文長、語種に関連するものとして、和語や漢語の含有率、文法的特徴を示す動詞率と助詞率がもっとも重要な変量であるということになる。具体例として、3.1節で初級前半の文章例として示した文章を解析した場合、以下のように計算する。

$$\{8.36 \times -0.056\} + \{3.42 \times -0.126\} + \{80.34 \times -0.042\} + \{6.84 \times -0.145\} + \{20.51 \times -0.044\} + 11.724 = 5.56$$

難易度判別の計算式によって算出されたリーダビリティ値の「6.08」という数値は、表4の対応表に基づいて解釈する。この場合、5.5～6.4の間に入るため、初級前半のテキストであると判定される。

[表4] リーダビリティ値の解釈基準

レベル	リーダビリティ値の範囲
初級前半	5.5～6.4
初級後半	4.5～5.4
中級前半	3.5～4.4
中級後半	2.5～3.4
上級前半	1.5～2.4
上級後半	0.5～1.4

表3の難易度判別の計算式と表4の値の解釈基準はExcelなどの表計算ソフトを使えば、簡単に計算できるが、前段階の平均文長や漢語率などの特徴量を計算するには、自然言語処理で用いられる形態素解析という技術を使わなければならず、一般のユーザーには実行することが難しい。このことを踏まえ、7章に紹介した「jReadability」において計算式を組み込んだ。なお、上級後半の上限にあたる0.5を超える値、もしくは、初級前半の下限にあたる6.4を下回る値に関しては、システム上では「判定不能」という結果をかえすように設計している。機械処理レベルでは、何かしら結果をかえすこと自体は可能であるが、計算式のカバー範囲を超えた数値には意味がないという考え、「判定不能」という結果を出力するように設定している。

4.3. 第3ステップ：外部基準による計算式の検証

第3ステップとして、旧日本語能力試験の読解領域の172テキストを利用し、難易度判別の計算式の評価を行った。この評価の趣旨としては、難易度判別の計算式を作った際に使用したデータ以外のものを使い、リーダビリティ値を計算してみることで、難易度の差が再現できるか確認するというものである。すなわち、難易度判別の計算式を作成する際に使用したデータ以外

のもので解析しても、その難易度の差が捉えられるならば、難易度判別の計算式は妥当な計算式だといえるということである。分析の結果を表5に示す。

[表5] 旧日本語能力試験の読解テキストのレベル×リーダビリティレベルのクロス集計

			リーダビリティレベル					合計
			初級前半	初級後半	中級前半	中級後半	上級前半	
旧日本語能力試験読解テキストレベル	1級	度数	0	0	6	47	25	78
		JLPTの%	0.0%	0.0%	7.7%	60.3%	32.1%	100.0%
	2級	度数	0	1	19	44	2	66
		JLPTの%	0.0%	1.5%	28.8%	66.7%	3.0%	100.0%
	3級	度数	0	7	10	0	0	17
		JLPTの%	0.0%	41.2%	58.8%	0.0%	0.0%	100.0%
	4級	度数	5	6	0	0	0	11
		JLPTの%	45.5%	54.5%	0.0%	0.0%	0.0%	100.0%
合計		度数	5	14	35	91	27	172
		JLPTの%	2.9%	8.1%	20.3%	52.9%	15.7%	100.0%

　表5では、縦軸に旧日本語能力試験の読解テストに使用したテキストのレベル、横軸に「jReadability」の判定レベルを配置し、クロス集計した。網かけの部分はデータが集中している箇所を示しているが、網かけ部分に注目した場合、旧日本語能力試験の読解テキストに関して、次の4点が言える。①1級の読解文章は、中級後半から上級前半のレベルに集中していること、②2級の読解文章は、中級前半から中級後半に集中していること。③3級の読解文章は初級後半から中級前半に集中していること、④4級の読解文章は初級前半から初級後半において分布していることが明らかになった。このことは、旧日本語能力試験の読解テキストの難易度の差は、本研究の難易度判別の計算式によっても、ある程度再現できていることを意味する。このことを確認する証拠として、旧日本語能力試験の読解テキストの1級から4級の級情報を因子、リーダビリティ値を従属変数にし、一元配置分散分析を行ったところ、読解テキストの1級から4級の差とリーダビリティ値には統計的に有意な差が確認された（$F(3,168)=141.035, p<.001$）。

以上の分析によって、本研究が提案する難易度判別の計算式は、日本語能力試験の読解テキストのように、日本語教育で信頼されているテキストデータにおける難易度の差も明確に捉えており、妥当性の高いものであるといえる。

5.　均衡コーパスに対するリーダビリティ調査

　李・長谷部・久保 (2016) では、3節の難易度判別の計算式を使い、「現代日本語書き言葉均衡コーパスDVD版 (以下、BCCWJ)」および「読売新聞記事」から抽出した1,949個のテキストサンプルを分析し、日本語文章の (日本語教育のための) 難易度に関する大規模な調査を行っている。

　この調査の背景としては、次のことがある。BCCWJの完成以降、日本語教育においてコーパスを利用する試みは数多く出現しており、今後も加速化していくものとみられている。このようにコーパスを利用した研究が活発になっていく一方で、日本語教育に関わるものとしては、こうしたコーパスデータの教育コンテンツとしての妥当性について考えていかなければならない。特に注目したい点として、コーパス内の文章が日本語学習者にとって、どの程度許容され、理解されるのかという問題意識をもたなければならない。こうした問題意識のもとで、李・長谷部・久保 (2016) では無作為に抽出したテキストデータを対象に「jReadability」を使って文章難易度を調べた。

　使用データは、BCCWJの中から「書籍」、「Yahoo!知恵袋 (web)」、「白書」、そしてBCCWJ以外のデータとして「日英新聞記事対応付けデータ (JENAAD; http://www2.nict.go.jp/astrec-att/member/mutiyama/jea/index-ja.html) (2016.7.27.閲覧)」の日本語部分を使用した。分析の結果として表6の内容が明らかになった。

[表6]　難易度調査の結果

区分	初級前半	初級後半	中級前半	中級後半	上級前半	上級後半	測定不可
書籍	2 (0.3%)	36 (5.5%)	269 (41.2%)	209 (32.0%)	106 (16.2%)	30 (4.6%)	1 (0.2%)
web	31 (5.8%)	173 (32.1%)	72 (13.4%)	261 (48.4%)	2 (0.4%)	0 (0.0%)	0 (0.0%)
白書	0 (0.0%)	0 (0.0%)	16 (6.3%)	0 (0.0%)	46 (18.0%)	102 (39.8%)	92 (35.9%)
新聞	0 (0.0%)	0 (0.0%)	0 (0.0%)	24 (4.8%)	477 (95.2%)	0 (0.0%)	0 (0.0%)

表6の通り、書籍は中級前半から上級前半レベル、webのデータは初級後半から中級後半レベル、白書は上級後半から測定不可 (超級レベル)、新聞は上級前半レベルに相当することが明らかになった。なお、測定不可は、リーダビリティ値が0.49を超えているために発生したもので、白書のデータに多く分布するテキストである。さらに、分布を確認すべく、箱ひげ図を作成してみたところ、図1の結果になった。

[図1] リーダビリティ値の分布

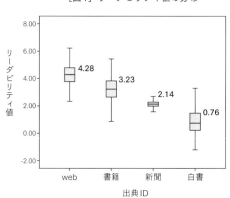

　図1で注目すべき点は、①web (Yahoo!知恵袋) が最も易しく、白書が最も難しいテキストであること、②新聞は他のジャンルに比べ、リーダビリティのばらつきが少ないこと、③白書は上級後半よりもさらに上のレベルに分布していることである。
　李・長谷部・久保 (2016) が行った調査は、コーパスを利用した語彙調査や文法項目の調査、さらには、表現の使用頻度に関する調査を行う際や、調査結果の利用方法を検討する際の基礎資料になると考えられる。

6.　おわりに：文章の難易度を測ることについて

　本章では、語彙や文法項目に比べ、難易度という観点からの分析が難しい「文章」データに関して、リーダビリティの観点から考察を行った。特に、

日本語教育のためのリーダビリティ研究として Hasebe and Lee (2015) が行った基礎研究と李・長谷部・久保 (2016) が行った応用研究を中心に研究成果を紹介してきたが、本節では、考察の締めくくりとして、難易度判別の計算式を使って難易度を推定することの限界についても述べておきたい。

本研究の基本的態度として、文章の難易度を決定するための唯一無二の計算式が存在するとは考えていない。実際の難易度というのは、文章によっても異なるが、読み手の属性によっても異なる。それを示す具体的な成果として、柴崎 (2010) の研究が挙げられる。柴崎 (2010) では、仮名だけで表記されたテキストを小学生と大学生にそれぞれ読ませ、文正誤判断課題を実施し、反応時間を測定した場合、大学生のほうが反応時間が長かったと報告している。この実験結果は、「仮名で書いてある文章＝やさしい文章」という前提がすべての日本語話者にとって成立するわけではないことを示している。

柴崎 (2010) の結果を日本語学習の文脈で考えてみた場合、漢字で書いてあるテキストであれば、すべて難しいかというと、そうではないということを示唆しているのではないだろうか。漢字圏の学習者にとっては、漢字で書いてあるほうが読みやすいと考えられる反面、非漢字圏の学習者にとっては、仮名表記で書かれてあったほうが読みやすいと考えられる。こうしたことから考えた場合、難易度判別の計算式というのは、学習者の属性の数だけ存在するものとみるべきであろう。なぜなら、漢字圏学習者にとってのリーダビリティと非漢字圏学習者にとってのリーダビリティ、教室学習者にとってのリーダビリティと自然習得者にとってのリーダビリティ、さらには、成人学習者にとってのリーダビリティと年少者日本語学習者にとってのリーダビリティが同じであるという保証はどこにもないからである。こうした問題から考えてみた場合、筆者の研究グループは、日本語教科書という比較的に安定した資料を利用することで、現状として可能な最大公約数としての難易度判定を試みたとみるべきであろう。

注
* 本章は、李 (2016) を加筆修正したものである。特に英語圏におけるリーダビリティ研究の変遷や日本語に対する研究事例を書き加えることで、リーダビリティ研究の問題意識をより具体化することを目指した。

●さらに勉強したい人のために
1 　野本忠司（2016）「リーダビリティ研究の100年」『情報処理学会SIG Technical Reports 2016-
　　DC-101』情報処理学会、pp.1–7
　　英語教育におけるリーダビリティ研究のレビューを目的とした論文で、リーダビリティ研究に
　　おける研究史を知る上で、最適な文献であるといえる。

参考文献

佐藤理史（2011）「均衡コーパスを規範とするテキスト難易度測定」『情報処理学会論文誌』52(4):
　　pp.1777–1789. 情報処理学会

柴崎秀子（2010）「文字種による文の認知処理速度の差異―日本語テクストの難易尺度構築のため
　　の基礎研究」、『実験音声学・言語学研究』2: pp.18–31. 日本実験言語学会

柴崎秀子・原信一郎（2010）「12学年を難易尺度とする日本語リーダビリティ判定式」『計量国語
　　学』27(6): pp.215–232. 計量国語学会

建石由佳・小野芳彦・山田尚勇（1988）「日本文の読みやすさの評価式」『文書処理とニューマンイ
　　ンターフェース』18(4): pp.1–8. 情報処理学会

野本忠司（2016）「リーダビリティ研究の100年」『情報処理学会SIG Technical Reports 2016-DC-
　　101』pp.1–7. 情報処理学会

李在鎬（2011）「大規模テストの読解問題作成過程へのコーパス利用の可能性」『日本語教育』148:
　　pp.84-98. 日本語教育学会

李在鎬（2016）「日本語教育のための文章難易度研究」『早稲田日本語教育学』21: pp.1-16. 早稲田大
　　学大学院日本語教育研究科

李在鎬・長谷部陽一郎・久保圭（2016）「日本語コーパスの文章難易度に関する大規模調査の報告」
　　『2016年度日本語教育学会春季大会予稿集』. pp.152-157. 日本語教育学会

Hasebe, Yoichiro and Lee, Jae-Ho. (2015) Introducing a Readability Evaluation System for Japanese Lan-
　　guage Education. *The 6th International Conference on Computer Assisted Systems for Teaching & Learning*
　　Japanese (CASTEL/J) Proceedings, pp.19–22.

Flesch, Rudolph. (1948) A new readability yardstick, *Journal of Applied Psychology*. Vol. 32. pp.221-233.

Vogel, M. and Washburne, C. (1928) An Objective Method of Determining Grade Placement of Children's
　　Reading Material, *Elementary school journal, Vol. 28*, pp. 373–381.

執筆者紹介（＊は編者）

李在鎬＊（り じぇほ）

早稲田大学大学院日本語教育研究科教授。京都大学大学院人間・環境学研究科博士後期課程修了。博士（人間環境学）。専門は認知言語学、コーパス言語学、テキストマイニング、言語テスト。著書に『日本語教育のためのコーパス調査入門』（くろしお出版、2012年、共著）、『日本語教育のための言語テストガイドブック』（くろしお出版、2015年、編著）などがある。

石黒圭（いしぐろ けい）

国立国語研究所日本語教育研究領域教授、一橋大学大学院言語社会研究科連携教授。早稲田大学大学院文学研究科博士後期課程修了。博士（文学）。専門は文章論・談話分析、作文教育・読解教育。著書に『日本語の文章理解過程における予測の型と機能』（ひつじ書房、2008年）、『「接続詞」の技術』（実務教育出版、2016年）、『語彙力を鍛える』（光文社、2016年）などがある。

伊集院郁子（いじゅういん いくこ）

東京外国語大学大学院国際日本学研究院准教授、東京大学大学院総合文化研究科博士課程単位取得退学。修士（学術）。専門は談話分析、日本語教育。著書に『研究社日本語教育事典』（研究社、2012年、「待遇表現・ポライトネス」担当）、「母語話者による場面に応じたスピーチスタイルの使い分け—母語場面と接触場面の相違」『接触場面の言語学—母語話者・非母語話者から多言語話者へ』（ココ出版、2016年、共著）などがある。

樋口耕一（ひぐち こういち）

立命館大学産業社会学部准教授。大阪大学大学院人間科学研究科博士後期課程修了。博士（人間科学）。専門は社会学、社会調査法、内容分析、計量テキスト分析。著書に『社会調査のための計量テキスト分析』（ナカニシヤ出版、2014年）、『リスク社会を生きる若者たち』（大阪大学出版会、2015年、共著）などがある。

河原大輔（かわはら だいすけ）

京都大学大学院情報学研究科准教授。京都大学大学院情報学研究科博士後期課程単位認定退学。博士（情報学）。専門は自然言語処理。主な論文に「格フレーム辞書の漸次的自動構築」『自然言語処理』12(2):pp.109-132（言語処理学会、2005年）、「自動構築した大規模格フレームに基づく構文・格解析の統合的確率モデル」『自然言語処理』14(4):pp.67–81（言語処理学会、2007年）などがある。

長谷部陽一郎（はせべ よういちろう）

同志社大学グローバル・コミュニケーション学部准教授。同志社大学大学院文学研究科博士課程（後期）満期退学。修士（英文学）。専門は認知言語学、コーパス言語学。主な論文に「構文のネットワークモデルについて—二重目的語構文を中心に」『認知言語学論考No. 9』pp.81–137（ひつじ書房、2011年）、「言語における再帰と自他認識の構造—認知文法の観点から」『ラネカーの（間）主観性とその展開』pp.269–304（開拓社、2016年）などがある。

久保圭 (くぼ けい)

大阪大学日本語日本文化教育センター非常勤
講師。京都大学大学院人間・環境学研究科博
士後期課程修了。博士（人間・環境学）。専
門は認知言語学、日本語学。主な論文に「イ
メージスキーマを用いた日本語接辞に関する
認知言語学的分析」『言語の創発と身体性―
山梨正明教授退官記念論文集』（ひつじ書
房、2013年）、「類義語を共起関係から紐解
く―コーパス分析を用いた指導の有用性」
『授業研究』第12号（大阪大学、2014年）な
どがある。

小林雄一郎 (こばやし ゆういちろう)

日本大学生産工学部助教。大阪大学大学院言
語文化研究科博士後期課程修了。博士（言語
文化学）。専門はコーパス言語学、テキスト
マイニング、計量文体論。著書に『Rによる
やさしいテキストマイニング』（オーム社、
2017年）、「メタ談話標識を素性とするラン
ダムフォレストによる英語科学論文の質判
定」『テキストマイニングによる言語研究』
（ひつじ書房、2014年、共著）などがある。

文章を科学する

The Science of Measurement and Evaluation of Text
Edited by LEE, Jae-ho

発行	2017年10月23日　初版1刷
定価	2600円＋税
編者	©李在鎬
発行者	松本功
ブックデザイン	大崎善治
印刷・製本所	株式会社シナノ
発行所	株式会社ひつじ書房
	〒112-0011 東京都文京区千石2-1-2　大和ビル2F
	Tel 03-5319-4916　Fax 03-5319-4917
	郵便振替 00120-8-142852
	toiawase@hituzi.co.jp　http://www.hituzi.co.jp/

ISBN978-4-89476-881-9

R で学ぶ日本語テキストマイニング

石田基広・小林雄一郎著　　定価 2,600 円＋税

さまざまな研究領域や実務分野で、テキストマイニングという技術の導入が進んでいる。テキストマイニングとは、特に大規模なテキストデータを対象に、情報科学やデータ科学の技術にもとづいて分析を行い、新しい知見を導こうとする試みの総称である。本書は、テキストマイニングを語学・文学研究に応用するための入門書である。前半では、言語データ分析と R の操作方法について詳細に解説し、後半では、テキストマイニングをさまざまな課題に適用した事例を紹介する。

認知言語学研究の方法　　内省・コーパス・実験

辻幸夫監修　中本敬子・李在鎬編　　定価 2,800 円＋税

認知言語学の代表的研究法として、作例と内省による研究、コーパス研究、心理実験・調査を紹介した入門書。各研究方法の特色や、実際の研究の進め方を具体的に解説している。また、最先端の研究を例に、実際の研究がどのように行われたかを紹介している。卒論、修論で初めて認知言語学研究を行う学生の他、研究法の幅を広げたいと考える研究者のニーズにも応える内容である。